Sardinien mit dem Wohnmobil

Westküste bei Porto Flavia

Petra Lupp · Martin Klug

SARDINIEN
MIT DEM WOHNMOBIL

Die schönsten Routen von
Sassari bis Cagliari

BRUCKMANN

Auch das Landesinnere hat seine Reize.

INHALT

WILLKOMMEN IN SARDINIEN

Wer Sardinien das erste Mal bereist, spricht oft von Liebe auf den ersten Blick. Zahlreiche Besuche später ist daraus für viele Sardinien-Liebhaber eine gefestigte, intensive Beziehung geworden. Willkommen auf der Sehnsuchtsinsel im Mittelmeer!

Traumhafte Strände, paradiesische Buchten

Sardinien besitzt unzählige Sand- und Steinstrände, oftmals von einzigartiger Schönheit und deshalb heiß begehrt und grenzenlos bewundert. Neben bekannten, gut frequentierten Touristenstränden finden Individualisten auch immer wieder überraschend einsame Buchten. Kein Wunder: Mit cirka 1900 Kilometern Küstenlänge inklusive der vorgelagerten Inseln kann Sardinien aus dem Vollen schöpfen. Auf den Rankinglisten internationaler Reiseportale finden sich Sardiniens Strände zu Recht regelmäßig auf den vordersten Plätzen. Wer sich eine schöne Erinnerung mitnehmen möchte, trägt sie im Herzen davon und lässt Sand, Muscheln und Steine am Strand liegen.

Zweiter Sieger

Mit cirka 24 000 Quadratkilometern Fläche ist Sardinien knapp nach Sizilien die zweitgrößte Insel im Mittelmeer. Dafür leben hier mit weniger als zwei Millionen Einwohnern nur ein Drittel so viele Menschen wie auf Sizilien.

Italienisch und Sardisch

Amtssprache ist Italienisch. Sardisch, mit zahlreichen regionalen Dialekten, ist offiziell anerkannte Sprache. In den touristischen Hotspots ist die Verständigung in Englisch oder Deutsch problemlos möglich.

Entschleunigung

Eine Autobahn gibt es nicht, die schnellste Verbindung in Sardinien ist die zweispurige Schnellstraße SS 131. In allen anderen Insel-Regionen wird langsames Vorwärtskommen so automatisch zum Antistress-Programm.

Reisezeiten

Beste Reisezeiten sind Frühjahr und Frühherbst mit warmen Tagestemperaturen, von Juni bis Oktober beträgt die mittlere Wassertemperatur 20°C.

Flagge zeigen

Die prägnante Flagge Sardiniens zeigt ein rotes Kreuz auf weißem Grund, in den vier Ecken ist ein Maurenkopf mit rotem Stirnband abgebildet. Die Symbolik fußt auf den vier »Giudicati« und der aragonesischen Herrschaft.

Stadt, Land, Fluss

Größte Inselstadt und zugleich Sardiniens Regierungssitz ist Cagliari mit ca. 160 000 Einwohnern. Der höchste Berg mit 1834 Metern heißt Punta La Marmora und erhebt sich im Gennargentu-Gebirge. Nahe Alghero befindet sich der Lago di Baratz als einziger natürlicher See Sardiniens. Mit 150 Kilometern ist der bei Oristano ins Meer mündende Tirso der längste Fluss.

Distanzen

Die größten Entfernungen von Nord nach Süd messen ca. 270 Kilometer, von West nach Ost ca. 145 Kilometer. Die kürzeste Entfernung zur Nachbarinsel Korsika beträgt ca. 12 Kilometer (Straße von Bonifacio), zum italienischen Festland und nach Tunesien sind es je knapp 200 Kilometer.

Unterwegs als Camper

An den Küsten sind zahlreiche Campingplätze in allen Kategorien sowie campingplatzähnliche Stellplätze (Area di Sosta Camper) vorhanden. Im schönen Inselinneren ist das Angebot leider noch unterentwickelt. Freistehen ist in Sardinien offiziell verboten. Überwintern mit dem Wohnmobil ist an sehr ausgewählten Plätzen mit eingeschränkter Infrastruktur möglich.

Klettern ist angesagt in der Gola Gorropu.

KENNEN SIE SARDINIEN?

Die wunderbare Insel ist das Herz des Mittelmeers und ein beständiger Sehnsuchtsort für viele Entspannungssuchende. Sie ist ein Land, das Naturschönheiten und überlieferte Traditionen vereint, zugleich ein gastfreundlicher und einladender Ort, der eine tiefe Bindung zu seinen Einwohnern und Gästen hat. An etwa zweitausend Kilometern Küste wechseln sich traumhafte Sandstrände mit bizarren Felsformationen und Klippen ab. Dazu das Hinterland: eine ständige Entdeckung unberührter, einzigartiger, immer unterschiedlicher Landschaften.
Die Vielfalt des Naturerbes, verbunden mit einer unverwechselbaren Identität, kennzeichnet die zahlreichen Urlaubsangebote, die von archäologischen und historischen Denkmälern, traditionellen Festen, gutem Essen, Wellness und Aktivtourismus geprägt sind. Jeder Ort auf der Insel vermag unvergleichliche Emotionen zu wecken – auch deshalb ist Sardinien ein sehr beliebtes Reiseziel, insbesondere für diejenigen, die mit dem Wohnmobil unterwegs sind und die abwechslungsreichen sardischen Regionen komfortabel entdecken und erfahren möchten.
Der Camping-Tourismus wächst rasant, auch in Sardinien. Diese Reiseform vereint Erlebnis mit Komfort, und das bei einem sehr guten Preis-Leistungs-Verhältnis. Wir erwarten, dass der Zustrom von Reisemobilisten aus Mittel- und Nordeuropa zunimmt, und bereiten uns darauf vor, sie mit einem hochwertigen und auf ihre Bedürfnisse abgestimmten Dienstleistungsangebot zu empfangen. Die Region, die lokalen Behörden, Verbände, Organisationen und sämtliche Betreiber der Camping-Infrastruktur werden all ihre Kräfte bündeln, den Reisemobiltourismus auf Sardinien weiterzuentwickeln, um Ihnen unvergessliche Erinnerungen an einen fantastischen Aufenthalt zu ermöglichen. Wir alle freuen uns auf Sie!

Gianni Chessa
L'Assessore del Turismo, Artigianato e Commercio della Regione Sardegna
sardegnaturismo.it/de

Assessore Gianni Chessa

Die zahlreichen Küstenstraßen der Insel begeistern.

TRAUMZIEL SARDINIEN

Die romantische Sehnsuchts-Insel im Mittelmeer, die alle Besucher fasziniert und nicht mehr loslässt.

Bummel durch Cagliari

Sardiniens größtes Kapital ist zugleich seine größte Herausforderung: Die Insel ist derart üppig und facettenreich ausgestattet mit einzigartigen Naturschönheiten, dass dies – fast möchte man »leider!« sagen – nicht unentdeckt geblieben ist. Was seit vielen Jahrzehnten Gültigkeit besitzt, trifft heute mehr denn je zu: Sardinien ist ein geradezu magischer Anziehungspunkt für Millionen von Touristen, die dieses Urlaubsziel alljährlich mit steigender Tendenz besuchen und sich an ihm erfreuen.

Obwohl es in den Sommermonaten, wenn insbesondere die Festland-Italiener die Insel zahlreich bereisen, an beliebten Ecken zu Engpässen kommen kann, so verbleiben dennoch genügend Regionen, die sich abseits der großen Highlights ganz individuell entdecken und genießen lassen. In den Nebensaisonzeiten ist die Qual der Wahl besonders groß.

Sardinien wartet regelrecht darauf, sich seinen Besuchern von den schönsten Seiten und in seiner ganzen Bandbreite zu zeigen: majestätische Gebirge und tiefe Schluchten, faszinierende Grotten- und Höhlensysteme, karibisch anmutende Buchten mit feinsten Sandstränden und türkisblauem Wasser, über die ganze Insel verstreute Zeugen einer bedeutenden Historie mit antiken Ausgrabungsstätten – all das und mehr gibt es zu entdecken. Und sozusagen als Sahnehäubchen obendrauf sind da die Sarden selbst, deren Offenheit und herzliche Gastfreundschaft nach erster Kontaktaufnahme überwältigend ist.

DIE ROUTEN DIESES BUCHES

Doch schnell stellt sich die entscheidende Frage: Kann es in Anbetracht solcher Vielfältigkeit überhaupt gelingen, sich in der zur Verfügung stehenden Urlaubszeit einen möglichst umfassenden Eindruck zu verschaffen, ohne dabei die Entspannungs- und Erholungsaspekte zu vernachlässigen? Die

Antwort lautet: Ja, das geht – und unsere Vorschläge hierfür halten Sie gerade in den Händen! Da dieses Tourenbuch modular aufgebaut ist, können Sie aus fünf geografischen Insel-Einteilungen eine Region wählen, je nach Zeitfenster mehrere Regionen miteinander kombinieren oder sehr komprimiert in zwei Wochen die Höhepunkte ganz Sardiniens entdecken.
Alle vorgestellten Touren sowie die Empfehlungen für Besichtigungen und für die Stellplätze wurden von uns Autoren selbst ausgewählt, und zwar unter dem Aspekt, dass Sie mithilfe dieses Tourenratgebers sofort loslegen können. Wo immer Sie die Insel betreten, der Einstieg in eine nächstgelegene Tour ist schnell gefunden. Ein Appetit machender Überblick über die größten Attraktionen Sardiniens erhält den Vorzug vor detailintensivem Eintauchen in jede kulturelle oder landschaftliche Besonderheit.

INDIVIDUELL ERFAHRBAR

Die Routen sind zudem so gewählt, dass sie vom Van bis zum Luxusreisemobil problemlos gefahren werden können. Informationen zu Streckenlänge, Fahrdauer und Kilometrierung helfen bei der täglichen Reiseplanung. Angaben zu Camping- und Wohnmobilstellplätzen berücksichtigen die Überlegungen, dass ein Reisemobil für eine Weile autark ist und ein Tourenbuch das Erfahren einer Destination, nicht das längere Verweilen an einem Ort in den Vordergrund stellt. Die Übernachtungsvorschläge folgen insofern ganz pragmatisch dem Tagesprogramm und der Routenführung.
So individuell jeder einzelne Reisemobilist ist, so unterschiedlich sind seine Interessen, Vorlieben und Ansichten. Wenn Ihnen dieses Buch die Insel näherbringt und Lust auf noch mehr Sardinien macht, hat es seinen Zweck vortrefflich erfüllt.

LAND UND LEUTE KENNENLERNEN

Ein Reiseziel für sich zu entdecken, kann auf sehr unterschiedliche Art und Weise erfolgen. Während beispielsweise für die einen die Kulturgeschichte der geeignete Einstieg ist, fokussieren sich andere zunächst mehr auf landschaftliche Sehenswürdigkeiten. Je intensiver das Eintauchen in Land und Leute ist, desto abgerundeter wird das Verständnis davon sein, was Herz und Seele einer unbekannten Region ausmacht.

LIEBE GEHT DURCH DEN MAGEN

Eine attraktive und sehr genussorientierte Möglichkeit, die Liebe zu einem Urlaubsziel aufzubauen, ist der verheißungsvolle Weg in die Küche. Das typisch sardische Essen hat sich in seiner Entwicklung von den Ursprüngen der kargen Bauern- und Schäfergerichte hin zu den aktuellen gastronomischen Angeboten stets verfeinert. Die Palette kulinarischer Leckereien und hervorragender

Seadas al miele – in Öl frittierte Teigtaschen mit einer Käsefüllung und Honig übergossen. Wenn der Käse sich leicht zieht, sind sie perfekt!

Weine ist heute äußerst breit und abwechslungsreich.
Wer heutzutage von sardischer Küche spricht, denkt an Vorspeisen wie »Culurgionis«, das sind Nudelteigtaschen mit unterschiedlichen Füllungen wie Ricotta, Spinat oder Minzeblättern, serviert in einer Tomaten-, Fleisch- oder Gemüsesauce. Sehr bekannt ist auch »Bottarga«, eine als sardischer Kaviar bezeichnete Delikatesse aus Thun- oder Schwertfisch beziehungsweise gesalzenem, getrocknetem Rogen der Meeräsche, dünn geschnitten und mit Olivenöl und Zitrone serviert oder über Pasta gerieben. Beliebt als Hauptspeise sind »Malloreddus« (Gnocchi sardi), kleine Nudeln aus Hartweizengries, die mit einer Sauce aus sardischer Wurst, Safran, Tomaten, Pecorino und Basilikum serviert werden. Besonders schmackhaft ist »Porceddu«, das mit Myrte und Lorbeer gewürzte, am Spieß über Myrtenholz gebratene Spanferkel.
An Fischspeisen wartet Sardinien mit allem auf, was das Meer vor der Haustüre zu bieten hat. Die regionalen Zubereitungsarten bieten permanente Abwechslung für den Gaumen. Hervorzuheben sind die kräftigen Fischsuppen »Sa Cassola« und »Ziminu«, dazu darf das hervorragende Brot nicht fehlen, das in Sardinien auf so variantenreiche Weise hergestellt wird. Das bekannteste unter ihnen, »Pane carasau«, ist ein rundes, dünn und knusprig gebackenes Fladenbrot, das aufgrund seiner Haltbarkeit und weiteren Verwendung auf einer langen Tradition als Hirtenbrot basiert.
Auch bei den leckeren Nachspeisen ist die Auswahl groß, egal ob sardischer Schafskäse (Pecorino), Ziegenkäse (Caprino), Frischkäse aus Schafsmolke (Ricotta Gentile), der frisch zu verzehrende Käse aus Kuhmilch (Fresa) oder der länger haltbare Schnittkäse (Provolone). Wer eher den süßen Sachen den Vorzug gibt, wird mit Marzipangebäck (Sospiri) oder frittierten, mit Schafskäse gefüllten und Honig überzogenen Teigtaschen (Seadas) glücklich. Bei all diesen Versuchungen sollte »Abnehmen« hier ein Fremdwort bleiben.

BIER UND WEIN ALS SPEISEBEGLEITUNG

Aber was ist ein sardisches Essen ohne ein typisch sardisches Getränk? Als Zugeständnis an alle Bierliebhaber sei vorangestellt, dass das sardische Kultbier unter der Bezeichnung »Ichnusa«, einer Ableitung des griechischen Namens für Sardinien, einen sehr großen Fankreis hat.
Die Alternative beziehungsweise Ergänzung in Form von Traubensaftprodukten ist ungleich umfangreicher. Als Aperitif bietet sich beispielsweise der für sein kräftiges, charakteristisches Bouquet bekannte, goldgelbe Vernaccia an. Da der Weinanbau auf Sardinien eine lange Tradition hat und hervorragende Tropfen produziert, fällt der Übergang zu ausgezeichneten Weißweinen (u. a. Vermentino, Nuragus, Torbato) oder Rotweinen (u. a. Cannonau, Monica, Cagnulari) wirklich nicht schwer.
Abgerundet wird der kulinarische Streifzug, denn mehr als eine erste Orientierung kann es bei der unfassbaren Vielfalt nicht sein, mit einem der vollmundigen, aromatischen Dessertweine (u. a. Mirto, Marsala, Malvasia). Wer jetzt im wahrsten Sinne des Wortes Appetit auf Sardinien bekommen hat, liest weiter und steigert seine Vorfreude mit noch mehr Einblicken in Land und Leute.

MARE E MONTI – LANDSCHAFTEN, DIE BEGEISTERN

Die bezaubernden Strände mit kristallklarem Wasser und die ursprünglichen Berglandschaften mit ihren faszinierenden Panoramen – das sind die herausstechenden

Landschaftsattribute, die Sardinien beschreiben und nachhaltig in Erinnerung bleiben. Und tatsächlich kann Sardinien hier aus dem Vollen schöpfen.

Im Fokus der ersten Urlaubsbegierde stehen für die Mehrheit der Sardinien-Touristen die sehenswerten Küstenabschnitte mit ihren teils karibisch anmutenden, feinsandigen Stränden und türkisblau schimmerndem, kristallklarem Wasser. Buchten-, Strand- und Badeliebhaber kommen bei Namen wie La Cinta, Cala Luna, Capo Testa, Stintino oder Costa Smeralda aus dem Schwärmen nicht mehr heraus. Ruhesuchende lieben die einsamen Strände der Costa Verde, Taucher finden ihr Paradies im La-Maddalena-Archipel, (Kite-)Surfer werden bei Porto Pollo glücklich. Eine Postkartenidylle folgt der nächsten, im Wettstreit der Superlative findet jeder seinen persönlichen Traumstrand.

Der Blick in das Hinterland Sardiniens eröffnet eine weitere Facette der attraktiven Insel. Gebirge wie das majestätische Gennargentu mit dem höchsten Gipfel auf gut 1800 Metern Höhe, das Kalksteinmassiv des Monte Albo und das schroffe Supramonte mit seinen steilen Felswänden, das als »Land der Hirten« bezeichnete felsige Plateau der Barbagia sowie die aus Lavagestein bestehende Hochebene Giara di Gesturi – dies sind nur einige von vielen Namen, und sie alle vereint landschaftliche Schönheit mit ursprünglicher Wildnis.

Und als ob das alles nicht mehr zu toppen wäre – »nur« mit Meer und Bergen ist Sardinien noch längst nicht vollständig in seiner Schönheit beschrieben. Weit verzweigte, imposante Tropfstein-Höhlensysteme wie die Grotta del Bue Marino bei Cala Gonone, die Grotta di Nettuno bei Alghero oder die Grotta di Ispinigoli bei Orosei hinterlassen bleibende Eindrücke einer geheimnisvollen, unterirdischen Welt. Enge Karstschluchten wie die Gola di Gorropu mit ihren über 300 Meter hohen Steilwänden, die rot leuchtenden Vulkanfelsen von Arbatax sowie mehrere Dutzend Naturparks mit ihrer einzigartigen, schützenswerten Fauna und Flora sind weitere Beispiele, die zeigen, dass es sich lohnt, hinter die glitzernde Fassade der Strandromantik zu blicken und für längere Zeit auf Entdeckungstour zu gehen. Viele verlieben sich mehrmals in diese zauberhafte Insel, mit jedem Besuch ein bisschen mehr. Zu Recht!

↑ Sardinien ist berühmt für seine hervorragenden Weine: Weinberge der Cantina Su'entu bei Sanluri.
↓ Sonne, Strand und Wohnmobil – Arcipelago di la Maddalena

Blühende Kakteen am Straßenrand

STRASSEN SARDINIENS – VON KURVEN UND ENTSCHLEUNIGUNG

Manchmal erfordert eine begrenzte Verweildauer am Zielort eine zügige Reisemobil-Anreise über (mautpflichtige) Autobahnen bis zur Fähre. Spätestens jedoch nach Ankunft auf Sardinien sollten der Erholungswunsch und die Tachonadel ein beiderseitiges entspanntes Einvernehmen eingehen.
Obwohl es keine Autobahnen auf der Insel gibt, lädt die immer besser ausgebaute, zweispurige und mautfreie Schnellstraße und Hauptverbindungsader SS 131 (Strada statale) von Nord nach Süd bisweilen dazu ein, das Tempolimit von zumeist 110 km/h auszutesten. Das kann sowohl hier als auch andernorts, also innerhalb geschlossener Ortschaften (50 km/h) oder auf Landstraßen (SP, Strada provinciale) im Kontrollfall sehr teuer werden. Wer sich das ersparen möchte, beachtet die sich jederzeit ändernden, nicht immer nachvollziehbaren Geschwindigkeitsgrenzen und fährt gelassen über die Insel. Das hilft auch bei der Tourenplanung. Das Vorankommen mit niedrigerer Durchschnittsgeschwindigkeit als geplant sollte einkalkuliert werden.
Wer übrigens das italienische Hupkonzert im Verkehr erwartet, wird überrascht sein, denn das bleibt aus. Die Sarden fahren überwiegend rücksichtsvoll, mitunter regelrecht langsam. Unwägbarkeiten wie rasante Überholmanöver oder Kurvenschneiden durch einige wenige Einheimische verlieren schnell ihren anfänglichen Adrenalinkick, da nach kurzer Zeit schon im Eigeninteresse damit gerechnet und die eigene Fahrweise darauf abgestimmt wird. Schlaglöcher, Bodenwellen, frei laufende Tiere und Abrisskanten der Asphaltdecke tun ihr Übriges, um jederzeit achtsam zu sein und das Reisemobil sicher zu manövrieren.
Die schönste Beschränkung liefert freilich die Natur selbst, sei es durch kurvige Bergstrecken mit immer wieder neuen, grandiosen Ausblicken oder spektakuläre Panoramastrecken entlang der Küstenlinie. Es ist glaubhaft überliefert, dass Fahrer ihren fotobegeisterten und hinter jeder Kurve ausstiegswilligen Co-Piloten das Verlassen des Fahrzeugs mittels Doorlock verwehrt haben, um noch vor Einbruch der Dunkelheit am nächsten Campingplatz anzukommen.
Nach kurzer Zeit auf Sardiniens Straßen ist die verkehrstechnische Akklimatisierung bei den meisten Reisemobilisten so weit vorangeschritten, dass das Fahren als willkommene Entschleunigung angesehen und wertgeschätzt wird. Deutlich wird dies in aller Regel spätestens, wenn auf der Rückreise beim Grenzübertritt nach Deutschland der Stresspegel wieder zu steigen beginnt.

KUNSTHANDWERK UND FOLKLORE

Durch frühzeitliche Erfordernisse entstandene Fertigkeiten legen Zeugnis davon ab, wie sich die Schäfer, Bauern und Fischer einst ihren harten Arbeitsalltag erleichterten. Ob in der Töpfer- und Korbflechtkunst oder bei den Schmiede-, Web-, Kork- und Holzarbeiten, die spezifischen Eigenheiten Sardiniens zeigen sich noch heute im Kunsthandwerk sowie in den gelebten Bräuchen und Traditionen. Eine schnelle und umfassende Übersicht über die Vergangenheit verschafft beispielsweise das multimediale ethnografische Museum in Nuoro.

Mit der authentischen Gegenwart kann sich vertraut machen, wer das sardische Leben bei einem der zahlreichen Feste beobachtet. Das Aufrechterhalten der traditionellen Handwerkskunst, des Tragens von Trachten, des Gesangs und Aufführens antiker Tänze sind Ausdruck selbstbewusster Herkunft und stolzer Identifikation. Stellvertretend für nur einige Facetten des sardischen Kunsthandwerks sind hier genannt: die beliebten Klappmesser (Sa Leppa), die handgefertigten Teppiche aus Schafswolle, die aufgrund ihrer Verarbeitung besonders strapazierfähig sind, und die schon seit Jahrtausenden gefertigten, dreispitzigen Flöten aus Rohrblatt (Launeddas), deren Klang früher die Hirtengesänge begleitete.

Folkloristisch hat Sardinien ein breites Angebot: Rituelle Tänze wie der im offenen oder geschlossenen Kreis dargebotene Ballu tundu zählen zu den bekanntesten traditionellen Volkstänzen. Sardische Trachten bestechen durch die filigranen Schmuckstücke aus Spitze und Edelmetall und werden auch

Brot ist sowohl Grundnahrungsmittel als auch traditionelles Backwerk, regional und je nach Fest sehr kunstvoll geformt.

Kirchliche Feste prägen das Kalenderjahr und das gesellschaftliche Leben der Insel. Innenansicht Kathedrale in Oristano

heutzutage von jungen Sarden bei traditionellen Hochzeitsfeiern getragen. Festbräuche in traditioneller Kleidung finden zudem in der Osterwoche auf der ganzen Insel statt. Und Anfang Mai sind in Cagliari anlässlich des Festes Sant'Efisio Tausende Trachten zu bewundern, die von zahlreichen Folkloregruppen in der Stadt zur Schau gestellt werden.

Eine schöne Tradition stellt das bekannte Pferderennen (Ardia) dar, das in Sedilo Anfang Juli veranstaltet wird. Und vor Maria Himmelfahrt (15. August) zieht eine prächtige Prozession mit Holzkerzen durch die Innenstadt von Sassari. Die unverfälschten Gebräuche der Sarden einmal live mitzuerleben, sollte im Programm eines Inselbesuches auf keinen Fall fehlen.

NURAGHENKULTUR UND WEITERE GESCHICHTE

Wem der Begriff zuvor noch nicht bekannt war, für den ist spätestens mit dem ersten Inselaufenthalt die Nuraghe untrennbar mit Sardinien verknüpft. Die nachweisbare sardische Prähistorie geht bis in das 3. Jahrtausend v. Chr. zurück, mehrere Funde belegen menschliches Leben auf Sardinien bereits in der Jungsteinzeit. Die bis dato vorherrschende Nomadenkultur ging in dieser auch Neolithikum genannten Zeit über in eine Lebensweise, die von Viehhaltung und Landwirtschaft bestimmt war.

Mannigfaches Zeugnis dieser neuen Sesshaftigkeit legen die über 7000 Nuraghen ab, die über ganz Sardinien verteilt und teilweise noch in erstaunlich gutem Zustand sind. Sie zeichnen sich durch eine kegelförmige Konstruktion großer, aufeinandergeschichteter Steine aus und dienten als sichere Wohnstätte, aufgrund ihrer oftmals strategisch günstigen Lage aber auch militärischen Zwecken. Sich einen persönlichen Eindruck dieser frühen Zivilisationssiedlungen zu machen, ist äußerst empfehlenswert. Zwei herausragende Beispiele werden im Verlauf der Touren in diesem Buch angefahren: Su Nuraxi bei Barumini (Tour 3) und Losa bei Abbasanta (Tour 6).

Der Blütezeit der nuraghischen Kultur (8. bis 6. Jahrhundert v. Chr.) folgte eine leidvolle Invasionsgeschichte. Zahlreiche Kriege mit Phöniziern, Karthagern und Römern hinterließen zeitgeschichtliche Spuren, die noch heute eindrucksvoll vorhanden und begehbar sind, beispielsweise in den großflächigen antiken Städten Nora bei Pula (Tour 2) und Tharros bei Oristano (Tour 4).

Mit dem Niedergang des Römischen Reiches endete im 5. Jahrhundert n. Chr. die Herrschaft Roms über Sardinien. Es folgten sogleich weitere kriegerische Auseinandersetzungen mit den Volksstämmen der Vandalen, Goten, Byzantiner, Langobarden, Araber, Sarazenen – bis die Sarden endlich im 11. Jahrhundert mit der Gründung der vier Gerichtsbarkeiten (Giudicati) eine fünf Jahrhunderte währende Phase der weitgehend politischen Unabhängigkeit, Selbstbestimmung und Lebensverbesserung erzielen konnten.

Die wechselvolle Rolle Sardiniens, wobei sich im weiteren Verlauf auch die Spanier, Österreicher und Franzosen in das Geschichtsbuch eintrugen, fand ihren Niederschlag in Architektur, Brauchtum und Sprache. Wer, um ein Beispiel zu nennen, heutzutage durch das Zentrum von Alghero (Tour 5) schlendert, entdeckt genügend katalanische Relikte aus der Herrschaftszeit Aragoniens.

Im Rahmen der sogenannten italienischen Einigung (Risorgimento) wurde Sardinien schließlich unter der Regentschaft von Viktor Emanuel II. an das Königreich Italien angegliedert. Seit 1948 ist es eine autonome Region Italiens.

Sandstrand von San Nicolò bis Portixeddu

KLEINES WÖRTERBUCH

DAS WICHTIGSTE

ja	**sì**
nein	**no**
Guten Tag!	**Buon giorno!**
Guten Abend!	**Buona sera!**
Gute Nacht!	**Buona notte!**
Auf Wiedersehen!	**Arrivederci!**
Hallo/Tschüss!	**Ciao!**
Bis morgen!	**A domani!**
Danke!	**Grazie!**
Bitte!	**Per favore!**
Bitte sehr!	**Prego!**
Entschuldigung!	**Scusi!**
Wie bitte?	**Come dice?**
Ich möchte ...	**Vorrai ...**
Haben Sie ...?	**Ha ...?**
Mein Name ist ...	**Mi chiamo ...**
Wie viel kostet es?	**Quanto costa?**
Wie viel Uhr ist es?	**Que ore sono?**
links	**a sinistra**
rechts	**a destra**
geradeaus	**diritto**
morgen	**domani**
heute	**oggi**
gestern	**ieri**
Hilfe!	**Aiuto!**
Achtung/Vorsicht!	**Attenzione!**

ZAHLEN

0	**zero**	18	**diciotto**
1	**uno/una**	19	**diciannove**
2	**due**	20	**venti**
3	**tre**	21	**ventuno**
4	**quattro**	22	**ventidue**
5	**cinque**	30	**trenta**
6	**sei**	40	**quaranta**
7	**sette**	50	**cinquanta**
8	**otto**	60	**sessanta**
9	**nove**	70	**settanta**
10	**dieci**	80	**ottanta**
11	**undici**	90	**novanta**
12	**dodici**	100	**cento**
13	**tredici**	101	**centouno**
14	**quattordici**	200	**duecento**
15	**quindici**	300	**trecento**
16	**sedici**	1000	**mille**
17	**diciassette**	2000	**due mille**

WOCHENTAGE

Montag	**lunedì**
Dienstag	**martedì**
Mittwoch	**mercoledì**
Donnerstag	**giovedì**
Freitag	**venerdì**
Samstag	**sabato**
Sonntag	**domenica**

REISE UND UNTERKUNFT

abreisen	**partire**
Aufzug	**l'ascensore**
ausgebucht	**completo**
Auto	**la macchina**
Campingplatz	**il campeggio**
Dusche	**la doccia**
frei	**libero**
Frühstück	**prima colazione**
Parkplatz	**il parcheggio**
Parkverbot	**il divieto di parcheggio**
reservieren	**prenotare**
Stellplatz	**l'area camper**
Swimmingpool	**la piscina**
Toilette	**il gabinetto**
Trinkwasser	**l'acqua potabile**
Verkehr	**il traffico**
Werkstatt	**l'officina**
Wohnmobil	**il camper**
Zug	**il treno**

HINWEISSCHILDER

aeroporto	Flughafen
aperto	offen
area camper	Stellplatz
castello	Burg, Schloss
cattedrale	Kathedrale
centro	Stadtzentrum
chiesa	Kirche
chiuso	geschlossen
duomo	Dom
fiume	Fluss
giardino	Park
ingresso	Eingang
isola	Insel
lago	See
monte	Berg
municipio	Rathaus

museo	Museum
ospedale	Krankenhaus
palazzo	Palast/Wohnhaus
parco	Park
piazza	Platz
porto	Hafen
spiaggia	Strand
stazione	Bahnhof
torre	Turm
uscita	Ausgang
val/valle	Tal
via	Weg/Straße

GETRÄNKE

acqua minerale	Mineralwasser
bibite	Erfrischungsgetränk
bicchiere	Glas
birra	Bier
bottiglia	Flasche
con ghiaccio	mit Eis
digestivo	Verdauungsschnaps
grappa	Tresterschnaps
limonata	Limonade
spumante	Sekt
succo di mele	Apfelsaft
vino bianco	Weißwein
vino della casa	Hauswein
vino rosato	Roséwein
vino rosso	Rotwein

FRÜHSTÜCK

burro	Butter
caffè	kleiner Kaffee, ohne Milch
caffè decaffeinato	entkoffeinierter Kaffee
caffellatte	Kaffee mit Milch
cappuccino	Kaffee mit aufgeschäumter Milch
cornetto	Hörnchen
della frutta	etwas Obst
formaggio	Käse
frittata	Omelett
iogurt	Joghurt
miele	Honig
prosciutto	Schinken
salame	Wurst
tè di menta	Pfefferminztee
uova al tegamino	Spiegeleier
uova sode	harte Eier
uova strapazzate	Rühreier
uovo alla coque	weiches Ei

VORSPEISEN

acciughe	Sardellen
carciofini	Artischockenherzen
sott'olio	in Öl
melone e prosciutto	Melone mit Schinken
minestrone	deftige Gemüsesuppe
zuppa di pesce	Fischsuppe

GEMÜSE UND SALATE

asparagi	Spargel
carote	Möhren
cicoria	Blumenkohl
cicoria	Chicorée
cipolle	Zwiebeln
funghi	Pilze
insalata mista	gemischter Salat
melanzane	Auberginen
patate	Kartoffeln
peperoni	Paprika
pomodori	Tomaten
spinaci	Spinat

NUDELGERICHTE

pasta alla bolognese	Nudeln mit Tomatensoße und Fleisch
pasta alla carbonara	Nudeln mit Ei und Speck
pasta alla napoletana	Nudeln mit Tomatensoße
pasta alla panna	Nudeln mit Sahne
pasta alle vongole	Nudeln mit kleinen Muscheln
fettuccine	Bandnudeln

FLEISCH- UND FISCHGERICHTE

agnello	Lamm
anitra	Ente
aragosta	Languste
bistecca	Steak
brasato	Braten
gambero	Krebs
maiale	Schweinefleisch
manzo	Rindfleisch
merluzzo	Kabeljau
passera di mare	Scholle
pollo	Huhn
prosciutto	Schinken
salmone	Lachs
scampi fritti	frittierte Garnelen
sgombro	Makrele
tonno	Thunfisch
trota	Forelle
vitello	Kalbfleisch

Landschaft zum Genießen:
nahe Jerzu und Ulássai

DIE ROUTEN

Sardiniens Attraktionen in allen Winkeln entdecken – plus die kompakte Highlight-Tour über die ganze Insel

Abendstimmung auf dem Bellavista Camper Service

1

WENN STEILHÄNGE UND BERGE DIE TRAUMHAFTEN SANDSTRÄNDE KÜSSEN

Die Ostküste bezaubert mit Vielfalt und Aktivangeboten

Die sardische Ostküste ist nach der Fährankunft in Olbia oftmals die erste Wahl, um schnell zu wunderschönen Sandstränden und in das ersehnte Urlaubsfeeling zu kommen. Bereits die großzügige Bucht La Cinta punktet mit einem langen Sandstrand, der auch für Kinder gut geeignet ist. Eine Panoramafahrt nach Posada und der Blick aufs Supramonte-Massiv lassen Bergfreunden das Herz höherschlagen. Wer mag, zieht Wanderschuhe an, und los geht's in die abenteuerliche Gola di Gorropu-Schlucht. Richtig rein in den Berg führt die Besichtigung der Tropfsteinhöhle Grotta di Ispinigoli.

Nach den Bergtouren lockt der Reiz eines Öko-Premium-Landgutes mit ruhigen Stellplätzen und landestypischem Essen. Der Golfo di Orosei ist neben der spektakulären Landschaft gleichzeitig ein Synonym für erfrischende Bootsfahrten mit sensationellen Badebuchten, allen voran die Cala Luna. Ein Abstecher in die Weingegend um Jerzu führt erneut zu einem kulinarischen Highlight der Insel, zum sardischen Rotwein Cannonau. Und zum erholsamen Finale eignen sich die fantastischen Sandstrände der Costa Rei, um einfach nur Strand und Sonne zu genießen.

Fisch frisch gegrillt – immer ein Genuß!

SANDSTRÄNDE, SO WEIT DAS AUGE REICHT

Die SS 125 ist fast ein ständiger Begleiter dieser vielfältigen Ostküstenroute und führt von **Olbia** auf dem ersten Abschnitt bis zur herrlichen Bucht La Cinta bei San Teodoro. Der gleichnamige, großzügige Campingplatz liegt direkt hinter dem langen, feinen Sandstrand und bietet einen einzigartigen Blick auf ein sardisches Wahrzeichen, die Felsen der vorgelagerten **Isola Tavolara**. Um die Gegend kennenzulernen und zu genießen, wird hier gleich für zwei Nächte eingecheckt. Während in der Vor- und Nachsaison zu jeder Tageszeit entspannte und vom Meeresrauschen begleitete Strandspaziergänge möglich sind, stehen in der Hauptsaison eher das Sonnenbaden sowie Plantschen und Abkühlen im flach abfallenden Wasser im Vordergrund. Die angrenzende **Laguna di San Teodoro** beherbergt im Frühling die beliebten rosa Flamingos und sogar »Horseriding« ist hier möglich.

Das Zentrum von **San Teodoro** mit Kirche, Geschäften, Cafés, Restaurants und einer auskunftsfreudigen Touristeninformation ist fußläufig leicht erreichbar. Für Ausflüge in die Umgebung eignet sich eine Tour zum nördlich liegenden **Capo Coda Cavallo**, ob mit Wohnmobil, Roller oder E-Bike. Hier warten weitere faszinierende Badebuchten und einladende Sandstrände, aber auch atemberaubende Panoramablicke auf La Cinta mit dem beeindruckenden Punta-Gebirge im Rücken.

Der Strandabschnitt **Cala Brandinchi** ist übrigens durch eine kostenpflichtige Schrankenanlage von der Zufahrtsstraße abgegrenzt. Ab hier geht es für Pkw oder Wohnmobil in der Zeit von 8 bis 20 Uhr zu drei unterschiedlichen Parkplätzen. Die Zeitan-

ROUTE 1

START- UND ENDPUNKT
Olbia und Costa Rei

STRECKENLÄNGE
360 km

FAHRZEIT
7 bis 10 Tage

Start Olbia Hafen
SS125 16 km
Porto Sao Paolo
SS125 13 km
San Teodoro

↑ Camping La Cinta bei San Teodoro mit kilometerlangem Sandstrand
↓ Belohnung für Rad- und Wanderfreunde: Ausblick auf die Bucht La Cinta

gabe ist eindeutig, übernachtet werden darf in dieser Idylle nicht. Südlich angrenzend ist ein Ausflug in die engen Gassen und zur Marina von Ottiolu eine ebenso willkommene Abwechslung zum Strandleben.

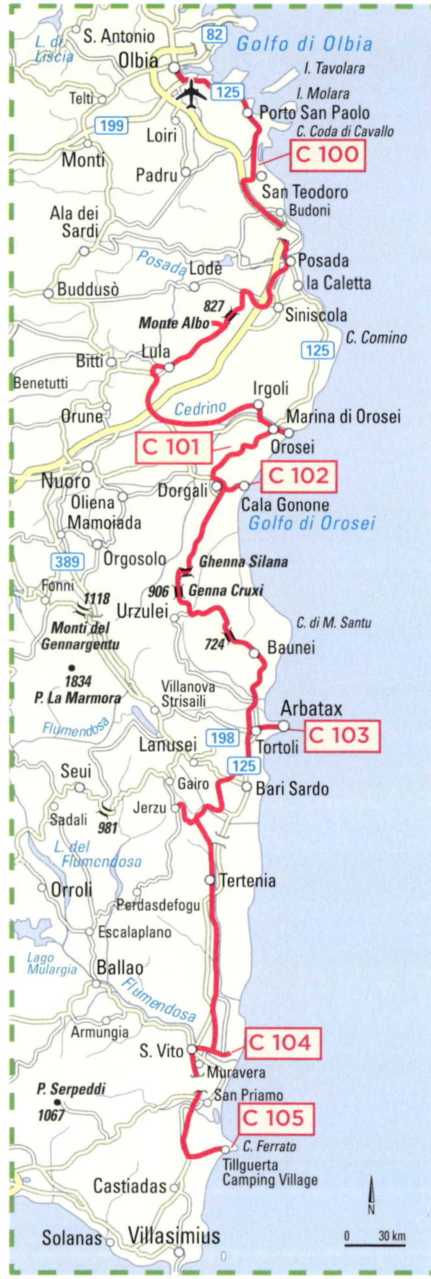

FRUCHTBARES LAND UND VERWINKELTE GASSEN

Am dritten Tag auf der Insel heißt es nun einpacken und neugierig weiterfahren. Die geradezu majestätisch auf dem Hügel thronende Stadt **Posada** ist schon von Weitem sichtbar. Eingerahmt von der fruchtbaren Ebene und einigen Wasserkanälen thronen die Ruinen des **Castello della Fava** aus dem 12. Jahrhundert über der verwinkelten Altstadt mit ihren kopfsteinbepflasterten Gassen. Das Wohnmobil parkt auf einem der

AUSFLUG

PERCORSO MONTI NIÉDDU

Rad- und Wanderfreunde finden Gefallen an der Bergseite der La-Cinta-Bucht. Startpunkt der Route »Monti Niéddu« ist entweder vom Campingplatz aus oder besser ab dem Abzweig nach rechts in die Via Aresula, SS125 San Teodoro–Straulas. Nachdem die Zuwegung unter der SS131 hindurch absolviert ist, führt der überwiegend geschotterte Weg permanent hinauf in die naturbelassene Granitfelsenlandschaft, begleitet von immer wieder beeindruckenden Aussichtsplätzen, bis zum Wendepunkt beim kleinen Wasserfall Cascata Rio Pitrisconi. Kondition ist erforderlich, da die einfache Strecke ab Abzweig Via Aresula ca. fünf Kilometer beträgt. Die Tour ist für Wanderer und Mountainbiker geeignet, jedoch nicht für Tourenfahrräder.

mit »Camper/Autobus« ausgeschilderten drei Parkplätze, während es zu Fuß nach oben geht. Der Blick über die grünen Weiten bis zum Meer und dem angrenzenden Sandstrand entlohnt für die Mühen des Aufstiegs. Die heutige Etappe führt zur ersten und wunderschönen Bergstrecke: Man fährt in Richtung Siniscola weiter und folgt von dort der Ausschilderung nach Lula. Das Geniale an Sardinien ist, dass Meer und Berge eine geradezu perfekte Einheit bilden. Vom Sandstrand blickt man in die Berge und von oben in den Bergen gibt es immer wieder begeisternde Ausblicke hinunter auf das in der Sonne glitzernde Meer. Die herrliche Panoramastrecke bis zum **Monte Albo** und der Quelle **Funtana Sa Mela** lässt die Begeisterung erahnen, die Sardinienkenner zu Wiederholungstätern

San Teodoro
Spiaggia La Cinta
Capo Coda Cavallo
SS125 Persorso Monti Niéddu
SS131 24 km
Posada

macht. Die SP 3 schraubt sich nach oben, jede Kurve verspricht neue Perspektiven. Derartige Kurvenstrecken lieben übrigens auch die zahlreichen Motorradfahrer, eine achtsame Fahrweise erhöht den ungetrübten Genuss.

Sicherlich lässt sich ein Plätzchen für eine Rast mit Aussicht finden, bevor die Hügel wieder sanfter und die grasenden Schafe zahlreicher werden. Zwischen **Orosei** und **Dorgali** überrascht dann noch mal eine ganz besondere Durchfahrtsstraße. Hier geht es mitten durch den Mamorsteinbruch, um zum familiären und liebevoll gestalteten Übernachtungsplatz des **Agriturismo S'Ozzastru** zu kommen. Die Einfahrt ist bei km 211,6 an der SS 125 auf der rechten Seite noch vor Dorgali. Für das folgende Programm lohnt es sich, mindestens zwei Nächte einzuchecken. Das reichhaltige Frühstück mit farmeigenen Produkten im rustikalen Restaurant, eine Schwimmrunde im großartigen Panorama-Pool sowie einfach die Ruhe und den Fernblick genießen – all das trägt hier zur Erholung bei.

Geschafft: Gola di Gorropu

GOLA DI GORROPU – WIR WAREN DABEI!

Ausgeruht die Wanderstiefel anziehen, den Rucksack mit Getränken, Verpflegung, Sonnencreme und Pulli packen und schon ist das heutige Gebirgsabenteuer vorbereitet. Vom Agriturismo S'Ozzastru auf die SS 125 nach rechts ab geht es in Dorgali an der Tankstelle erneut nach rechts. Dann folgt man den Schildern Cala Gonone, lässt den Tunnel jedoch links liegen und folgt weiter der SS 125. Die sich nun bietenden Aussichten auf das **Supramonte-Massiv** sind einfach grandios und – versprochen: Es wird noch besser!

Bei km 191 in der Kurve liegt das Besucher- und Informationszentrum Campo Base Gorropu, das bereits einen ersten faszinierenden Blick von oben auf die **Gorropu-Schlucht** ermöglicht. Wahrlich jeder Superlativ ist bestens geeignet, um sie zu beschreiben. Sieht der Canyon von oben aus wie ein 400 Meter tiefer Riesenschlund, macht das Gefühl, im Inneren stehen zu dürfen, geradezu demütig und dankbar.

Eine Initiative hat es sich zur Aufgabe gemacht, diese Naturschönheit zu schützen, und bietet neben Informationen auch Trekkingtouren an. Empfehlenswert ist es, die angebotene Jeepfahrt ins Tal zu nutzen, um von dort dann individuell rund drei Kilometer über markierte Wege bis zum Eingang der Schlucht zu wandern. Die 1,5 Kilometer lange Schlucht ist aufgrund der quer liegenden Felsen in drei Schwierigkeitsgrade un-

Badebucht Cala Gonone, Golfo di Orosei

terteilt und kann, abhängig von Fitness und Mut, erklettert werden. Der Zeitaufwand für die Wanderung, die Erkundung der ersten beiden Bereiche der Schlucht und die Jeepfahrt beträgt insgesamt vier bis fünf Stunden. Als Lohn winken großartige Eindrücke, die sich am Abend, der dann sicherlich im Zeichen von Entspannung steht, nochmals auf der Kamera oder dem Smartphone nachvollziehen und genießen lassen.

KÜHLE STALAGMITEN UND SPRITZIGE BOOTSFAHRT

Seit 1974 für Besucher geöffnet, ist die rund fünf Kilometer vor Dorgali gelegene **Grotta di Ispinigoli** ein herrliches Ausflugsziel und auch für Kinder geeignet. So unscheinbar der Eingang, so beeindruckend das Innere: Die über 40 Meter tief abfallende große Halle der sogenannten trockenen Tropfsteinhöhle gilt mit ihrer knapp 38 Meter hohen Tropfsteinsäule als eine der imposantesten Grotten auf Sardinien. Zu Fuß geht es die zahlreichen Treppen hinunter und, klar, später auch wieder hinauf. Erklärungen gibt es während der halbstündigen Führung in Englisch oder Italienisch. Die Eintrittskarte berechtigt zudem zum Besuch des Archäologischen Museums in Dorgali.
Alternativ oder zusätzlich finden Wassersportbegeisterte in **Cala Gonone** zahlreiche Boots- und Aktivangebote. Die Anfahrt erfolgt erneut über Dorgali, nun jedoch links durch den Tunnel. Mit Ende des Tunnels öffnet sich der weite Blick über den traumhaften Golfo di Orosei und das sich an den Felsen anschmiegende Küstenstädtchen Cala Gonone. In Serpentinen geht es runter und dem Meer entgegen. Das Wohnmobil parkt in der Querstraße

Posada
Castello della Fava
Siniscola
Monte Albo
Funtana Sa Mela
SS125 SP3 43 km
Lula
SP3 SP73 SP25 27 km
Irgoli
SP25 SS129 7 km
Orosei
Marmorsteinbruch
SS125 13 km
Dorgali
Gola di Gorropu
SS125 43 km
Dorgali
Grotta di Ispinigili
SS125 SP26 21 km
Golfo dei Orosei
Cala Gonone

Nach dem Tunnel folgt der Weitblick in den Golfo di Orosei.

vor der Altstadt entlang der weißen Linie kostenlos, hier befindet sich auch die Touristeninformation. Zu Fuß geht es danach zur Marina. Wer es bisher nur von Erzählungen oder Fotos kennt: Hier werden die ganztägigen Bootsfahrten inklusive Bade- und Fotostopps angeboten, von denen alle schwärmen. Es geht entlang der grandiosen Steilküste und der Postkarten-Traumbuchten wie **Cala Goloritze** oder **Cala Luna**. Spätestens jetzt wird nachvollziehbar, warum Sardiniens Strände eine solche Faszination ausüben. Wer den Genussblick vom Wasser aus lieber in kleinerem Kreis erleben möchte, ist hier ebenfalls richtig und mietet sich ein Schlauchboot.
Allen, die morgens die Grotte von Ispinigoli besuchen, bietet sich die Golfo-di-Orosei-Kursschifffahrt um 15 Uhr an, beispielsweise mit der »M/N ELEVENth«, bei der die geführte Besichtigung der meerseitig zugänglichen **Grotta del Bue Marino** enthalten ist.
Je nach Reise- und Zeitplanung steht nun die zweite Nacht im Agriturismo S'Ozzastru auf dem Plan, alternativ das Einchecken für eine Nacht im nahe gelegenen Camping Car Palmasera in Cala Gonone.

AUSFLUG

SPORTANGEBOT SUCHT ENTHUSIASTEN

Rund um den Golfo di Orosei kann ein tagefüllendes Aktivprogramm den Sardinienurlaub zum absolut sportlichen Highlight werden lassen. Steile Felsen laden zum Freeclimbing ein; Wanderungen rund um die Gola di Gorropu, zum Dorf Tiscali oder zum Strand von Cala Luna lassen Trekkingfreunde ins Schwärmen geraten; auf dem SUP bzw. im Kajak kann man die Küstenlinie entlangpaddeln oder mit dem Mountainbike im Gelände sein. Powerurlaub ist das, was jeder Einzelne daraus macht. Zweirädrig unterwegs sind insbesondere in der Vor- und Nachsaison, wenn das Wetter sonnig, aber nicht zu warm ist, auch die zahlreichen Motorradfahrer. Sie genießen die Kurvenfahrten und Freiheit auf dem Bike.

Entspannen am Pool: Agriturismo S'Ozzastru

WOW-EFFEKTE NACH JEDER KURVE

Nach so viel ereignisreichem Wasser- und Wanderspaß entlang der Küstenlinie ist nun Naturgenuss vom Feinsten, sozusagen direkt aus den Wohnmobilfenstern heraus, angesagt. Die **Ogliastra** wartet nämlich auch im Landesinneren mit einer beneidenswerten, wenig besiedelten Landschaft auf. Okay, einer muss natürlich fahren, dafür darf jedoch der Rest der Crew die Panoramahöhenstraße entlang der SS 125 nach **Baunei/Tortolì** geradezu aufsaugen.

Bereits bekannt ist zu Beginn die Strecke auf der SS 125 bis zum Campo Base Gorropu. Ein letzter Blick auf die Schlucht und runter auf die fruchtbare Ebene lässt das Erlebnis nochmals kurz emotional aufleben. Bei der 1017 Meter hohen Passhöhe **Genna Silana**

Der Campingplatz Telis zieht sich entlang der Bucht.

schnüren echte Wanderfreunde vor lauter Begeisterung gleich wieder die Stiefel, andere spazieren einfach etwas umher. Und wer zuvor die Gola Gorropu nicht erwandert hat, kann es von hier oben in einer Tagestour nachholen.

Die gut befahrbare, jedoch kurvenreiche Panoramastraße geht traumhaft weiter. Die gesamte Strecke ist einfach grandios: hier ein Blick auf die Berge, da aufs Meer, dort in grüne Täler. Bei **Urzulei** ist die Hochebene erreicht, Herden von Ziegen, Schafen und Kühen grasen auf den weitläufigen Weideflächen, ihre unterschiedlichen Glocken sind leise zu hören. Die kargen und schroffen Felsen bilden eine Symphonie mit den gelben Frühlingsblumen und dem satten Grün von Bäumen und Sträuchern.

Danach verläuft die Straße entspannt nach unten, bevor bei km 159 ein atemberaubender Blick rechts hinunter ins Tal auf Baunei und die Bucht um Arbatax die ganze Aufmerksamkeit auf sich zieht. Dieser Parkplatz ist verständlicherweise gut frequentiert, ob von Motorradfahrern, Pkws oder Wohnmobilen, daher empfiehlt es sich, gleich bis zur Ausfahrt vorzufahren, um ohne Wartezeit wieder wegzukommen.

ZIEGE ZUM SCHLECKEN – SUPERLECKER!

Das Bergdorf **Baunei** liegt auf 480 Metern und lohnt aus mindestens einem Grund einen kleinen Zwischenstopp: Genau bei km 155 befindet sich eine unscheinbare, aber empfehlenswerte Eisdiele, die Gelateria Artigianale in der Ortsmitte. Sie produziert ein sehr leckeres Ziegenmilcheis, das unbedingt probiert werden will, da der Verzehr wahre Gaumenfreuden bietet. So gestärkt geht es auf zum Endspurt: von Baunei bis nach **Arbatax**, wo der Campingplatz Telis wartet, wunderschön an der Bucht gelegen und perfekt für einen schönen Ausklang des Tages. Frisch in den Tag zu starten mit einem Spaziergang am Morgen zum nahe gelegenen Turm, der einen 360-Grad-Rundumblick auf zwei Buchten und die Bergwelt bietet, ist nur eine Möglichkeit der Freizeitgestaltung. Mit dem Fahrrad die kleine Radtour zu den bekannten **Rocce Rosse**, den Roten Felsen von Arbatax, zu unternehmen, ist ebenfalls ein kurzweiliger Ausflug. Die angrenzende Marina ist zudem Ausgangspunkt für Bootsfahrten zu Höhlen und Stränden im nun nördlich gelegenen Golfo di Orosei, von hier aus jedoch vorbei am Capo Monte Santo. Zum Bummeln und gemütlichen Shoppen eignet sich die wuselige Stadt **Tortolì**, das sogenannte Tor zur Ogliastra, mit nur 11 000 Einwohnern. Die Hauptdurchfahrtsstraße ist geschäftig und mit zahlreichen Läden und Cafés gesäumt.

WOW-Effekt nach der Bergfahrt – Blick auf die Bucht bei Arbatax

IN DIE HEIMAT DES CANNONAU

»La Città del Vino« wird **Jerzu**, die Weinstadt des kräftigen sardischen Rotweins Cannonau, genannt. Die Altstadt klebt eng und steil an den Felsen hoch über dem Tal und den Weinreben, die sich der Sonne entgegenstrecken. Von der neuen Schnellstraße SS 125 var folgt man nach dem Tunnel einfach der Abfahrt Jerzu, Kakteen und Olivenbäume säumen den Weg.

Die ersten Weinhänge sind sichtbare Vorboten und begleiten die stetig ansteigende Strecke. Sie fordert mit den zahlreichen Kehren dem Fahrer einiges ab, aber der Panoramablick ist wie so oft sensationell. Gleich links am Ortseingang von Jerzu liegt die Einfahrt zur Enoteca der Genossenschaft. Selbst Nicht-Weintrinker sollten mal ins Innere des Verkaufsraums gehen und die typisch sardische Weintankstelle mit dem günstigen *vino da tavola* anschauen. Wer kein Behältnis

Radtour Rocce Rosse, Arbatax

Jerzu, Stadt des Cannonau

zum Einfüllen mitbringt, kann es vor Ort erwerben. Selbstverständlich gibt es die standardmäßig abgefüllten, etikettierten und mit Korken versehenen Flaschen in unterschiedlichsten Preisklassen und mit zahlreichen Auszeichnungen ebenso zu kaufen.

SONNE, FEINER SAND UND TÜRKISBLAUES MEER

Zurück auf der SS 125 var, vorbei an Orangen- und Olivenbäumen sowie blühenden Kakteen, durchquert die Route nun weiter Richtung Süden die eher karge Landschaft **Salto di Quirra**. Hier endet die Ogliastra; kahle Felsen, ausgetrocknete Flussbetten und militärisches Gebiet sind Kennzeichen dieser Gegend.

Ziel für diese Nacht ist der **Bellavista Camper Service**, dazu geht es bei **Villaputzu** von der SS 125 ab und auf die SP 99, die schmale Einfahrt befindet sich kurz vor dem Torre di Porto Corallo auf der rechten Seite. Wie strategisch bedeutend der 1592 erbaute Turm war, zeigt seine Geschichte, konnten von hier doch das Delta des Flusses Flumendosa und der Handelshafen kontrolliert werden. Heute liegen ihm Feriensiedlungen zu Füßen und selbstverständlich die Marina.

Neue Sandaufschüttungen am direkt angrenzenden Strand von Bellavista zeigen, dass sich wohl noch einiges tun wird, der Campingplatz wurde erst vor Kurzem wiederbelebt. Die ruhige Lage im hinteren Teil, schattig unter Eukalyptusbäumen und kombiniert mit Vogelgezwitscher am Morgen, verheißt jedoch für den Start in den nächsten Tag nur das Beste.

Ab jetzt ist also Badeurlaub angesagt und die bezaubernden Sandstrände der **Costa Rei**, zur Gemeinde Muravera gehörend, laden dazu herzlich ein. Wahlweise kommen der **Camping Tiliguerta** mit Hundepool oder **Camping Village Capo Ferrato** infrage.

Die Plätze liegen beide direkt am herrlichen Sandstrand und sind nur knapp acht Kilometer voneinander entfernt. Die Anfahrt vorbei an Ferienhaussiedlungen, zahlreichen

KULTUR

ARCHÄOLOGIE ZUM ENTDECKEN

Die Gegend um Jerzu hat noch viel mehr zu bieten. In der Grotte Su Marmuri bei Ulassai geben einstündige Führungen Einblicke in die Geheimnisse der Tropfsteinhöhlen. Zudem befinden sich hier zahlreiche Ruinen von Nuraghendörfern und Höhlengräbern (domus de janas). Interessantes Wissen darüber vermittelt das Natur- und Umweltmuseum Naturalistico ed Ambientale. Die nuraghische Zivilisation auf Sardinien geht zurück auf die Mittlere Bronzezeit und Eisenzeit, also etwa 1500 bis 500 v. Chr. Die einfachste Form ist ein kegelförmiger Turm, der oft als Ruine auf Feldern zu sehen ist. Große Nuraghendörfer hatten Strukturen, die für die Bevölkerung zugleich Lebens- und Schutzraum waren, da die Mauern auch der Verteidigung dienten. Fast 8000 Nuraghen in unterschiedlichen Größen bzw. Erhaltungszuständen sind über die ganze Insel verteilt. 1997 wurde der aufwendig restaurierte, archäologische Komplex Su Nuraxi zum UNESCO-Weltkulturerbe erklärt (siehe Tour 3).

Beachbars und Restaurants lässt erkennen, dass hier das absolute Touristen- und Feriengebiet startet. Die kurze Fahrt vom Bellavista Camper Service entlang der SS 125 var dauert jedoch nur rund eine halbe Stunde. Auf der alten SS 125 geht es wie gewohnt idyllischer zu, zuerst vorbei an Kakteen, Olivenbäumen, Sträuchern und hohem Schilf, bevor sich die Landschaft ändert und Kornfelder den Weg begleiten.

DARF ES NOCH ETWAS MEHR SEIN?

Das an die Karibik erinnernde türkisblaue Meer fasziniert sowohl Sardinien-Neulinge als auch »alte Hasen« immer wieder, und so bleiben sonnenhungrige Strandfans gern ein paar Tage länger. Wer allerdings noch tiefer in die beeindruckende Bergwelt und in die gelebte sardische Ursprünglichkeit der faszinierenden Mittelmeerinsel eintauchen will, sollte je nach Reise- und Zeitplan die Tour 3 auf der Rückfahrt zur Fähre in Olbia in Betracht ziehen.

Sandstrand an der Costa Rei

PRAKTISCHE HINWEISE

TOURISTINFORMATIONEN

Olbia
Piazza Terranova Pausania, 1, 07026 Olbia, Tel. +39 0789 52206, Mobil +39 334 9809802, helloolbia.com

San Teodoro
Piazza Mediterraneo 1, 07052 San Teodoro, Tel. +39 0784 865767, santeodoroturismo.it

Campo Base Gorropu
SS125 Dorgali–Urzulei km 191, Mobil +39 389 4208595, gorropu.info

Cala Gonone
Viale Bue Marino 1a, 08022 Cala Gonone, Tel. +39 0784 93696, calagononeonline.com

STELLPLÄTZE UND CAMPINGPLÄTZE

C 100 **Camping La Cinta** (S. 150/C6)
Via del Tirreno, 08020 San Teodoro,
Tel. +39 0784 865777,
campingsanteodoro.com
GPS-Daten: 40.784440, 9.673313
Baumbestandener Campingplatz mit insgesamt 274 Stellplätzen auf Rasen/Sand. Komplette Infrastruktur mit Minimarkt und Bar, beliebtes Restaurant direkt angrenzend; keine Hunde erlaubt. Ideale Lage zwischen Lagune und Meer, Platz hat direkten Zugang zum Strand; sehr weitläufige Bucht mit weißem Sandstrand und prägnantem Blick auf den vorgelagerten Tavolara-Felsen. Guter Sardinien-Einstieg für Anreisende via Olbia (25 km) mit perfekten Voraussetzungen für Strandspaziergänger, Kitesurfer und Flamingo-Fans.

C 101 **Agriturismo S'Ozzastru** (S. 153/G4)
Località Su Cuddiarvu, SS125 Dorgali–Orosei, km 211,6, 08022 Dorgali, Mobil +39 347 5008096, agriturismosozzastru.com
GPS-Daten: 40.336111, 9.605000
Ökologisch ausgerichteter Campingplatz auf einem gutshofähnlichen, mit Liebe zum Detail ausgestatteten Anwesen für ca. 20 Wohnmobile, verteilt auf mehrere Standorte (Erweiterung in Planung). Frischwasser, Strom, Dusche/WC; V/E gegen Extragebühr; WLAN in Rezeptionsnähe. Sehr ruhig, abseits und oberhalb der SS125 Orosei–Dorgali gelegen. Restaurant, großzügiger Poolbereich mit traumhaftem Ausblick, Einkauf von selbst hergestellten Produkten möglich.

Ausflugtipp vom Campingplatz La Cinta – für Wanderer und Mountainbiker gleichermaßen interessant

C 102 Camping Car Palmasera (S. 153/G5)
Viale Bue Marino, 08022 Cala Gonone, Mobil +39 336 818111, campingcarpalmasera.com
GPS-Daten: 40.279899, 9.629669
Campingplatz mit ca. 100 Stellplätzen auf einem terrassierten, teilweise beschatteten Areal am Ortsrand; komplette Infrastruktur mit Campinggastronomie. Fußläufig zum Hafen, Ticketstand für Schiffsfahrten zu den attraktiven Badebuchten und der Grotte Bue Marino direkt am Platz.

C 103 Camping Telis (S. 156/C2)
Baia di Porto Frailis, 08048 Arbatax, Tel. +39 0782 667140, campingtelis.com
GPS-Daten: 39.925278, 9.706111
Campingplatz für ca. 60 Wohnmobile mit kompletter Infrastruktur; großzügig ausgestattete und gepflegte Sanitäranlagen; Minimarkt, Pool, Wellnessbereich, Bar und Restaurant. Terrassiert, mit Baumbestand und entlang der Bucht von Frailis gelegen; Plätze in der ersten Reihe mit sehr schönem Meerblick (»Komfortplätze«). Buchungsmöglichkeit von Schifffahrten entlang der bilderbuchhaften Orosei-Küste an der Rezeption. Einer der wenigen Campingplätze, die – mit stark eingeschränktem Angebot – ganzjährig geöffnet haben.

Fahrt durch den Steinbruch

C 104 Bellavista Camper Service (S. 159/G1)
Località Prumari–Porto Corallo, 09040 Villaputzu, Mobil +39 345 5050069, bellavistacamperservice.com
GPS-Daten: 39.438018, 9.632901
Campingplatz mit ca. 90 Stellplätzen in einem teilweise unebenen, natürlich belassenen (ohne Parzellierung) und größtenteils baumbestandenen Gelände mit fest verbauten, großzügigen Picknick-Sitzecken; V/E, Strom, Dusche; WC-Einrichtungen erweiterungs- und renovierungsbedürftig. Abseits und an der wenig befahrenen Straße von Villaputzu nach Porto Corallo gelegen, mit direktem Zugang zum weitläufigen Sandstrand. Das Campingareal und der Strandabschnitt werden aktuell (2019) durch Bauarbeiten aufgewertet, was temporär zu Beeinträchtigungen führen kann. Fußläufig zum Hafenrestaurant; ganzjährig geöffnet.

C 105 Camping Tiliguerta (S. 159/F3)
Località Capo Ferrato, SP 97 Olia Speciosa–Capo Ferrato km 6, 09043 Muravera, Tel. +39 070 991437, Mobil +39 338 2499814, tiliguerta.com
GPS-Daten: 39.291065, 9.600559
4-Sterne-Ökocamping an der Costa Rei mit knapp 200 Stellplätzen; komplette, teilweise luxuriöse »Glamping«-Infrastruktur mit Restaurant/Bar, Markt, großzügigem Pool, Wellness- und Sporteinrichtungen. Herausragendes Merkmal ist der Fokus auf Hundebesitzer, der Platz verfügt über einen eigenen Hundestrand, Hundepool und Pet Shop. Hinweis: In der Vergangenheit gab es baurechtliche Probleme mit den Mobilheimen in Strandnähe, was zu erheblichen Betriebsbeeinträchtigungen geführt hat, deshalb vor Buchung die aktuelle Situation checken (Alternative: CP Capo Ferrato, siehe Tour 2).

Küstenlinie im Süden, so weit das Auge blickt

2

PARADIESISCHE KÜSTE UND EINE HAUPTSTADT ZUM VERLIEBEN

Sardiniens Süden für Sonnenhungrige

Der Süden Sardiniens zieht Wassersportfans und Sonnenhungrige mit traumhaften Sandstränden und grandiosen Küstenstraßen in seinen Bann. Die Routenführung beginnt mit der beliebten Costa Rei im Südwesten der Insel, schlendert dann spektakulär ums Eck nach Villasimius zur Marina und zum Capo Carbonara, um danach die attraktive und geschichtsträchtige Hauptstadt Cagliari mit ihrer Ober- und Unterstadt anzusteuern. Schon rufen die Strände rund um Chia und die Costa del Sud, teils mit Dünen, immer mit grandiosen Buchten und durch atemberaubende Küstenstraßen miteinander verbunden.

Archäologiefreunde werden die antike Stadt Nora, aber auch die Stadt Sant'Antioco auf der gleichnamigen Insel sowie die Felsengräber der Nekropole von Montessu lieben. Zum Finale geht es in der Stadt Carbonia bei einer eindrucksvollen Führung »unter Tage«.

ES LOCKT DER SÜDEN

Die Sandstrände der **Costa Rei** und das türkisfarbene Wasser des Meeres bilden den Startpunkt für diese wunderbare Südsardinientour. Zugegeben, **Camping Village Capo Ferrato** liegt im absoluten Touristen- und Feriengebiet, deutlich sichtbar an den Ferienhaussiedlungen entlang des Hangs sowie den zahlreichen sich aneinanderreihenden Pizzerien, Cafés und Beachbars. Und doch ist es genau die richtige Location, um sich auf den wunderbaren Süden einzustimmen. Bereits in der Vorsaison ist der Platz gut belegt, vorab zu reservieren lohnt sich. Ein erster beherzter Sprung ins erfrischende Meer ist direkt vor dem Campingplatz möglich, auch ein Strandspaziergang am langen feinen Sandstrand lässt sofort Urlaubsfeeling aufkommen.
Der nächste Tag ist reserviert für eine sensationelle Fahrt entlang der Panoramaküstenstraße SP 18. Immer wieder beeindrucken die Ausblicke, das türkisblaue Wasser, die glasklaren Buchten und die Weitsicht entlang der Küstenlinie. Ja, Sardinien ist gesegnet mit einer faszinierenden Symbiose von Wasser, Felsen, Sand und Sonne.

Strandzugang Camping Capo
Capo Ferrato, Costa Rei

SAN STEFANO UND CAPO CARBONARA

Das touristisch geprägte **Villasimius**, das übrigens nicht am Meer liegt, wird durchfahren und es geht gleich weiter nach San Stefano und zur Halbinsel **Capo Carbonara**. Die kleine Parkbucht als Sackgasse beendet die Fahrt, wer möchte, schlendert zu Fuß weiter entlang der Landzunge oder zu den Stränden.
Für diese Nacht ist der **Camping Spiaggia del Riso** eine feste Größe. Die vom Eingang links liegenden Stellplätze sind mit Meerblick und direktem Strandzugang, während Schattensuchende auf der rechten Seite unter den zahlreichen Bäumen fündig werden. Das Wassersportzentrum bei der angrenzenden Marina ist Ausgangspunkt für Bootsausflüge und beherbergt eine Segelschule für Kinder; die Tauchschule bietet begleitete Tauchgänge und Schnorcheln an.

ROUTE 2

START- UND ENDPUNKT
Costa Rei und Carbonia

STRECKENLÄNGE
260 km

FAHRZEIT
7 bis 10 Tage

Start
Capo Ferrato
Panorama-Küstenstraße
Villasimius
San Stefano
Capo Carbonara
Marina di Villasimius
SP18
27 km
Villasimius

Abendrot an der Marina Villasimius

EIN HÖHEPUNKT NACH DEM ANDEREN

Sportlich ausgetobt und das Meer in all seiner Fülle ausgekostet, heißt es zurück ins Wohnmobil und rauf auf die Küstenstraße SP 17 Richtung Solanas und Cagliari. Wenn die Sonne noch dazu scheint, ist es ein Fahrgenuss, der nur selten zu toppen ist. Ein Panoramablick jagt den nächsten, der hoch gelegene Aussichtspunkt Bellavista nach **Villaggio Mandorli** ist einen Stopp wert, die Blicke Richtung Meer einfach wunderbar. Diese Küstenstraße ist ein beeindruckender Teil der Süd-Tour. Die Serpentinen führen langsam den Berg hinunter Richtung Uferstraße, üppig ausgestattet mit spannenden, ständig wechselnden Blickrichtungen und Aussichten.

SPECIAL

GOLFSPIELEN MIT AUSBLICK

Das Dreamteam Golf und Wohnmobil kann auch auf Sardinien gelebt werden. So befindet sich in unmittelbarer Nähe des Campingplatzes Spiaggia del Riso der 18-Loch-Golfplatz Tanka Golf Villasimius, der auch für Gäste zugänglich ist. Wer spektakuläre Aussichten aufs Meer rechts und links von Fairway, Abschlag oder Grün liebt, ist auf diesem ganzjährig geöffneten Platz genau richtig. Der Golfplatz liegt genial am Hang und ist somit bestens dazu geeignet, sich anspruchsvoll sportlich zu betätigen. Spontanspieler, denen Schläger und Trolley im Reisegepäck fehlen, mieten das Equipment bequem vor Ort.

Ab **Solanas** wird es dann wieder sehr touristisch. Klassische Hotelanlagen wechseln sich mit unschönen Brachflächen ab, zudem säumen zahlreiche Blitzer die Straße und warten auf ihren Einsatz. Die Stadt Cagliari kommt näher, die Vorboten sind Quartu Sant'Elena, der Stadtstrand Poetto und die dahinter liegende Saline di Quartu, in der sich sicherlich einige Flamingos tummeln.

CAGLIARI – STADTBUMMEL DURCH DIE GESCHICHTE

Das Live-Erlebnis echten italienischen Lebensgefühls beginnt beim entspannten Bummel durch den Arkadengang der **Via Roma**. Dafür parkt das Wohnmobil unterhalb der Wallfahrtskirche Madonna di Bonaria auf dem Parkplatz Piazza dei Centomila am Istituto Tecnico Nautico und nahe der Marina. Die Hauptstadt Sardiniens war schon immer Eroberungsziel fremder Seemächte und so ist Cagliari von prächtigen Bauten unter anderem aus der spanischen Herrschaftszeit geprägt. Die größte Stadt der Insel ist eine echte Augenweide, dazu trägt natürlich die Faszination einer Ober- und einer Unterstadt bei. Die Altstadt liegt erhöht im liebevoll **Casteddu** genannten Stadtteil, der Duomo Santa Maria di Castello thront mit allen umliegenden Gassen im Stadtteil der Pisaner über der Stadt und dem Hafen. Für einen Stadtrundgang bietet es sich an, von der Via Roma (hier ist auch

Villasimius
Tanka Golf Villasimius
Via delle Aquile
Tanca Su Cordolino
Bellavista Aussichtspunkt
Solanas
Flumini
Viale Lungomare del Golfo
SP17 52 km
Cagliari

↑ Via Roma in Cagliari, die Cafés verbergen sich geschickt im Laubengang. ↓Cagliari mit Hafen

↑ Bastion Saint Remy in Cagliari
↓ Blumengeschmückte Gasse in Cagliari

die Tourist-Info) und ihren Arkaden über die von Bäumen gesäumte Largo Carlo Felice bis zur Piazza Jenne (Yenne) zu laufen. Dort geht es rechts hoch, über die Treppen und vorbei an der **Chiesa di Santa Chiara** bis zur imposanten Stadtmauer. Dahinter verbirgt sich der Casteddu, das historische Schlossviertel Castello. Der Straße nach oben rechts folgend steht der **Torre dell'Elefante**. Vom Turm erneut nach rechts gehend wartet die **Bastione del Balice**, leider mit Pkw-Parkplatz, aber dafür mit einem fantastischen Blick über die Stadt bis hinunter zum Hafen und in die Bucht. So werden die Mühen des Aufstiegs belohnt, zumal der ursprünglich erbaute Fahrstuhl schon länger außer Betrieb ist. Mal duster und kühlend, mal belebt mit trocknender Wäsche oder Gesprächsfetzen, führen die Gassen Richtung Dom. Wer genau schaut, findet die von Blumen gesäumte schmalste Gasse des Viertels, die östlich vom Dom liegt. Wie so oft sorgen übrigens schmiedeeiserne, manchmal mit Blumentöpfen geschmückte Balkone für das mediterrane Flair.
Sollte gerade ein Kreuzfahrtschiff im Hafen liegen, ist am Stimmengewirr und den zahlreichen Gruppen sofort erkennbar, wo sich die Kathedrale **Santa Maria di Castello** befindet, die gruppentauglich bereits einen separaten Ein- und Ausgang hat. Ursprünglich im 12. Jahrhundert erbaut, haben bis heute viele Eroberer und zeitabhängige Baustile ihre Spuren irgendwo am Dom hinterlassen, ob pisanisch, gotisch, römisch, mittelalterlich oder barock. Die heutige Fassade ist übrigens ein Nachbau, nach alten pisanischen Plänen. Im üppig gestalteten Innenraum beeindrucken die zahlreichen Altäre, die Krypta, der Fußboden und die noch aus dem 12. Jahrhundert stammende Kanzel.

WENN ARCHITEKTUR AUF ALLTAGSLEBEN TRIFFT

Um den historischen Stadtbummel zu einem weiteren Höhepunkt der Stadt zu führen, wartet nun die **Bastion Saint Remy**. Im klassizistischen Stil Anfang des 20. Jahrhunderts als Aussichtsterrasse überaus prunkvoll und entsprechend beeindruckend mit großer Freitreppe erbaut, sind die letzten Restaurierungsarbeiten 2019 gerade noch im Gange. Ob nun oben auf der Panoramaterrasse Umberto I oder unten im Schatten der Bäume an der Piazza mit Blick auf das sensationelle Bauwerk – für eine Pause ist hier genau der richtige Ort. Die Viale Regina Margherita führt wieder zurück Richtung Hafen, Promenade und zum Parkplatz, Shoppingfreunde folgen aber eher der Via Giuseppe Garibaldi.

FARBENFROHES BILD: FLAMINGOS IN DER LAGUNE

Die SS 195 führt in Fahrtrichtung **Pula** nun raus aus der Stadt, mehrere Kreisel durchziehen die triste, von Petrochemie geprägte Industriezone. Und doch erfasst das Auge erneut sofort ein Naturschauspiel, das besondere Vögel in ihrer natürlichen Umgebung ganz nahe an das Wohnmobil heranbringt. Denn in der rechts liegenden, flachen Lagune suchen insbesondere pinkfarbene Flamingos mit dem Kopf im Wasser und scharrenden Füßen nach Nahrung.

So langsam zeigt sich schließlich am Horizont eine zerklüftete Hügellandschaft und die Route taucht wieder in die schöneren Seiten der Insel ein. Je nach Tageszeit steht noch der Besuch der Ausgrabungsstätte der antiken Hafenstadt **Nora** bei Pula auf dem Programm. Alternativ klingt der Abend auf dem **Camping Flumendosa Village** aus und Nora wartet nach so vielen Jahrhunderten ihrer Existenz einfach bis zum nächsten Tag.

ZONA ARCHEOLOGICA DI NORA

In Sichtweite des Torre di Coltellazzo und des Sandstrands Spiaggia di Nora auf der Halbinsel **Capo di Pula** befindet sich die bedeutende Ausgrabungsstätte der antiken Hafenstadt **Nora**. Ihre Ruinen phönizischen Ursprungs werden auf das 8. Jahrhundert v. Chr. datiert, insofern gilt Nora als eine der ältesten Ansiedlungen Sardiniens. Ausschlaggebend war wohl die geografisch günstige Lage. Entsprechend begehrt waren Hafen und Stadt bei Eroberern, die im Laufe der Zeit beides immer weiter ausbauten. So hinterließen auch Punier und Römer städtebauliche Spuren. Wie vielfältig und gleichzeitig strukturiert das Leben im antiken Nora stattfand, zeigen eindrucksvoll die nachgewiesenen unterschiedlichen Stadtteile, öffentlichen Gebäude und Plätze wie das Theater und

Cagliari
Arkaden
Via Roma
Casteddu
Duomo
Saint Remy
Pula
SS195
37 km
Nora

Flamingos in der Lagune

die ausgeklügelte Therme bis hin zu Grundrissen und Ruinen von Wohngebäuden mit noch heute sichtbaren Mosaikböden. Geöffnet ist die archäologische Stätte von 9 bis 20 Uhr, Besichtigungen sind individuell oder mit Führung möglich. Die Anfahrt erfolgt über Pula, der große, parzellierte Wohnmobilparkplatz ist von Mai bis Oktober geöffnet und darf von 8 bis 20 Uhr als Parkplatz genutzt werden.

Nora
SS195 Antike Hafenstadt
SP71 37 km
Setti Ballas
Chia Strände
Costa del Sud
SP71 23 km
Agriturismo Costa del Sud
SS195 Sant Anna Arresi
SP73 Porto Pino
Giba

Von hier aus geht es rund 15 Minuten zu Fuß oder per Fahrrad bis zum Ticketverkauf und Café mit Terrasse.

SAND, STRAND UND FLAMINGOS SATT

Paradiesisch schöne Landschaften, pralle Natur, reizvolle Dünenlandschaften, das erfrischende Meer und bezaubernde Strände locken. Zahlreiche Sardinienfans verbindet mit der Umgebung um **Chia** im Süden der Insel eine besondere Liebe. Die Flamingos stehen wie Statisten in einer Filmkulisse im flachen Salzsee. Erst wenn sie sich recken und die Flügel spreizen, entfalten sie ihre ganze Pracht und zeigen ihr rosa- oder pinkfarbenes Federkleid. Fernglas und Teleobjektiv dabeizuhaben, lohnt sich!

Die plätschernden Wellen treffen auf hellen Sand, das türkisblaue Meer lädt zum Baden ein, die Sonne glitzert und jede Welle wird zum kostbaren Edelstein. Zur Wahl stehen gleich mehrere Buchten mit feinsandigen Stränden. Empfehlenswert sind die Strände **Spiaggia di Monte Cogoni** und **Spiaggia di Chia Sa Colonia**. Gleichzeitig mit direkt angrenzendem Wohnmobilstellplatz beziehungsweise großem Parkplatz ausgestattet ist der Strand **Su Giudeu**. Die Anfahrt zum Area Sosta Camper Chia, Domus de Maria, erfolgt in Setti Ballas von der SP 71 in die Viale Spartivento und dann links abbiegend in eine Stichstraße. Vom Parkplatz geht es von dort zu Fuß an der ruhigen Lagune vorbei bis zum Strand und zur Beachbar mit Chillmusik. Und schon sind die Weichen für einen genussvollen Strandtag mit Übernachtung exzellent gestellt.

Area Camper Chia, Spiaggia su Giudeu

COSTA DEL SUD – DER NAME IST PROGRAMM

Auf der SP 71 führt die Route nun kurz weg vom Meer, um bereits jenseits der Kuppe auf den nächsten bezaubernden Anblick bei km 7 zu stoßen. Mit Sträuchern bewachsene Hügellandschaften, eine vorgelagerte Insel, Felsen und sich brechende Wellen sowie die strahlende Bucht der **Spiaggia di Tuerredda** ziehen in ihren Bann.

Die Küstenregion ist ein Wassersportparadies und somit zugleich Segelrevier. Die Tagesetappe führt an der rund 20 Kilometer langen Costa del Sud entlang, die immer wieder durch kleine Parkplätze am Straßen-

↑ Ausgrabungsstätte Nora ↓ Spiaggia su Giudeu, Zugang über Area Camper Chia

rand und dahinterliegende Trampelpfade auffällt, an deren Ende hübsche Badebuchten warten. Ein letzter Blick fällt auf die **Marina Porto di Teulada** in der Bucht, denn danach führt die SP 71 kurz ins Landesinnere bis zur Abfahrt zum heutigen Tages- und Übernachtungsziel. Fast möchte man entschuldigend hinzufügen, dass es keine Strandlage hat. Dafür ist der mit viel Liebe zum Detail gestaltete **Agriturismo Costa del Sud**, familiär geführt von Vater und Sohn, üppig mit einem blühenden Garten und lauschigen Plätzen angelegt. Eine Erfrischung im neu errichteten Pool kommt bei heißen Temperaturen gerade recht, die wartende Hängematte lädt ein, die Erlebnisse der vergangenen Tage gechillt Revue passieren zu lassen. Empfehlenswert ist es, vor dem Check-in ausreichend Lebensmittel einzukaufen, denn so mancher Reisemobilist bleibt spontan ein paar Tage länger.

AUSFLUG

PORTO PINO: KANAL, STRAND UND WEINLAGEN

Wenngleich Anfang Juni noch gehämmert und alles herausgeputzt wird, ist der Badeort Porto Pino dennoch gerüstet mit Booten, die sanft im Kanal schaukeln, einem langen Strand und großzügigen Parkplätzen, wovon einer als Wohnmobilstellplatz deklariert ist. Alle, die nicht genug von Sand, Strand und Meer bekommen, können hier einen weiteren Stopp einlegen. Die Anfahrt erfolgt am Abzweig zur SP 73 in Sant'Anna Arresi. Rund um Porto Pino sind übrigens die Weinhänge der Cantina Mesa beheimatet, die bereits nach kürzester Zeit ihres Bestehens Spitzenweine produzierte. Das stylische Gebäude, weithin sichtbar am Hang gelegen, verfügt über einen Shop, der jedoch nur zu besonderen Zeiten geöffnet ist.

Boote im Kanal von Porto Pino

Felsengräber Nekropole di Montessu

EINTAUCHEN IN ALTE KULTUREN

Das meerseitig angelegte Militärgelände weist den Weg von der Costa del Sud entlang der SS 195 nach Sant'Anna Arresi. In Giba zweigt die SS 293 ab, von Villaperuccio sind es noch rund zwei Kilometer. Die Anfahrt zum »Parco Archeologico« ist von Oleanderbüschen hübsch gesäumt und endet beim Parkplatz.

Die Erkundung der **Nekropole von Montessu** ist eine faszinierende Reise in alte Kulturen und Gebräuche. Mehr als 40 Felsengräber (*domus de janas*) wurden hier im Süden Sardiniens gefunden, einige sind von herausragender Bedeutung durch Funde neusteinzeitlicher, religiöser Symbole. Mehrere hoch oben in die Felsen gehauene Gräber sind gut zugänglich, der Anstieg ist teilweise steil über Wege oder Treppen, vorbei an Olivenbäumen und Sträuchern. Die wunderbare Stille beim Spaziergang fällt als Erstes auf, der Panoramablick ins Tal ist alle Mühe wert. Gutes Schuhwerk, Sonnenschutz und eine Flasche Wasser sind hilfreich, um die Gräber individuell zu besichtigen. Tickets, eine Karte zur Orientierung sowie einen Film zur ersten Information gibt es direkt beim Parkplatz, Führungen in englischer Sprache sind ebenfalls im Angebot.

Agriturismo Costa del Sud
SS195 Sant Anna Arresi
SP73 Porto Pino
Giba
Piscinas,
SS293 Is Pireddas,
Cantina Santadi,
SP80 Necropoli
di Montessu
SP79 Tratalias
Is Corededdas
SS126 56 km
Sant'Antioco

Wer übrigens sardischen Wein einkaufen möchte, ist im nahe gelegenen Santadi an der richtigen Adresse. Die **Cantina Santadi** am Ortseingang direkt nach dem Kreisel von Villaperuccio bietet, wie in Sardinien öfter anzutreffen, eine Weintankstelle an, im Shop sind selbstverständlich auch Flaschenweine im Verkauf, unter anderem der ausgezeichnete »Terre Brune«.

DEN SONNENUNTERGANG ENTSPANNT GENIESSEN

Nach dieser wunderbaren, naturnahen Wanderung lockt erneut das kristallklare Meer, nämlich auf der mit dem Festland verbundenen Insel **Sant'Antioco**. Die Einfahrt führt

↑ Piazza Parrocchia mit der Basilica di Sant'Antioco Martire (hinten rechts) ↗ Nachbau im Museum ↓ Faszinierende Steinformationen in der Bucht Cala della Signora

entlang der Lagune und über den Damm, vorbei an den Resten der alten Brücke, gern mit dem Blick auf die sich an den Hang schmiegende, gleichnamige Stadt Sant'Antioco. Der terrassierte **Camping Tonnara** liegt auf der gegenüberliegenden Seite der Insel in der **Cala Sapone** und ist idealer Ruhepunkt für die nächsten zwei Nächte. So kann der Abend mit Blick in den Sonnenuntergang enden.
Der nächste Tag startet mit einem Bad im Pool oder in der glasklaren Bucht, selbst Schnorcheln oder Stand-up-Paddeln sind möglich. Die nächste, vom beliebten Camping Tonnara über die Straße auch zu Fuß erreichbare Bucht **Cala della Signora** bietet Freunden von Felsformationen und attraktiven Steingebilden ein weites Feld zum Fotografieren und Sattsehen. Ach ja, und Baden ist natürlich ebenso drin.

EIN DORF ALS MUSEUM

Die herausragende Besonderheit des Städtchens **Sant'Antioco** – von den Phöniziern gegründet, von den Karthagern erobert – zeigt sich erst auf den zweiten Blick. Wer nichtsahnend durch die Gassen schlendert, sieht zunächst eine italienische Stadt mit Hafen, leicht schaukelnden Fischerbooten und Cafés, zudem hat die Salzgewinnung einen sichtbaren Stellenwert. Doch das moderne archäologische Museum **Ferruccio Barreca** in der Via Sabatino Moscati informiert über die wichtigen geschichtlichen Eckpunkte und die vorhandenen Ausgrabungsstätten und Altertümer dieses alten Städtchens. Den interessanten Einleitungsfilm sollte man sich nicht entgehen lassen. Beim Ticketkauf kann man einen Audioguide für Film und Museum erhalten – und damit einen hervorragenden Einblick in all die Fund- und Ausgrabungsstätten, die sich in und unter der Stadt verteilen. Hinweisschilder im Stadtgebiet weisen die Wege, die größtenteils zu Fuß abgelaufen werden können, während das Wohnmobil auf dem Parkplatz beim Museum stehen bleibt. So werden Jahrtausende der Geschichte bei einer individuellen Entdeckungstour direkt erlebbar. Sehenswert sind unter anderem die Basilica di Sant'Antioco Martire, der auf Sardinien einzigartige Katakombenfriedhof Necropoli di Is Pirixeddus, das Museo Etnografico sowie die noch heute aktiven Ausgrabungsfelder. Nach derartig vielen archäologischen Erkenntnissen ist ein leckeres Fischessen im Hier und Jetzt mit Blick auf den Hafen sicherlich eine hervorragende Krönung des Tages.

Sant'Antioco
Museo Archeologico
14 km
Cala Sapone
Sant'Antioco
14 km
Carbonia
Museo del Carbone, Grotta di San Giovanni

UNTER TAGE

Die letzte Nacht im Süden Sardiniens klingt erneut auf dem Camping Tonnara aus, am nächsten Morgen heißt es Abschied nehmen von Meer und Wellen. Zum Finale dieser Route wartet ein von vielen Sardinien-Reisenden und Strand-Enthusiasten eher ver-

Gerüstet für »unter Tage«

Carbonia: Förderturm Miniera di Serbariu

gessenes Highlight. **Carbonia**, die Hauptstadt der Provinz Sud Sardegna, hat die Kohle bereits im Namen und beeindruckt heute mit der Mine **Miniera di Serbariu**. Das Bergwerk war von 1937 bis 1964 in Betrieb, die Kumpel fuhren unter Tage und die Jobs dort gaben den Männern die Möglichkeit, Familien zu gründen und für deren Lebensunterhalt zu sorgen.

Heute beherbergt die großzügige Anlage ein aus mehreren Teilen bestehendes Museum. Beeindruckend und informativ ist im Rahmen einer 45-minütigen Führung der Gang unter Tage durch den unterirdischen, begehbaren Stollen – selbstverständlich geschützt mit einem Helm. Die über Tage angelegte Dauerausstellung erläutert das Leben in der damaligen Zeit, zeigt Grubenlampen, Arbeitsgeräte, alte Fahrräder und Werkzeuge, Fotografien und vieles mehr. Das Museum hält übrigens enge Verbindungen zur Zeche Zollverein in Essen, die zum UNESCO-Weltkulturerbe gehört.

Wahlweise führen zwei Wege von Sant'Antioco nach Carbonia. Zum einen naturverbunden über Perdaxius entlang der SP 78 durch die Hügellandschaft der **Sulcis Iglesiente**. Sie ist, vergleichbar mit der deutschen Rhön, von Büschen und Sträuchern bewachsen und stellt mit ihren vor allem im Mai und Juni bunt blühenden Feldern eine wahre Naturschönheit dar.

Zum anderen schnell über die direkte Verbindung der SS 126. Ab Carbonia folgt man der Ausschilderung »Miniera«, mit welcher das »Museo del Carbone« gemeint ist. Die Anfahrt erfolgt in Sichtweite des nun links vorne liegenden Förderturms auf der ganz rechten Seite in die fast unscheinbare Einfahrt bis hin zum großen Parkplatz beim Museum.

Mit der Minen-Besichtigung geht die Südsardinientour zu Ende. Je nach Zeit- und Routenplanung schließt sich hier die Route an der Westküste Richtung Norden bis nach Bosa an. Alternativ kann über die SS 131 bei Sanluri in die Tour 3 (»Echte Ursprünglichkeit entdecken«) eingestiegen werden. Für alle, die nun zur Fähre weiterfahren, ist die Anbindung über die SP 2 durch das Land der Minen und danach über die SS 130 ideal.

AUSFLUG

TROPFSTEINHÖHLE GROTTA DI SAN GIOVANNI

Am Ende der SP 2 am Übergang zur SS130 befindet sich die Zufahrt zu einem Naturschauspiel, das seinesgleichen sucht. Konnte man früher noch mit dem Auto durchfahren, ist heute der Weg nur noch zu Fuß oder mit dem Fahrrad erlaubt. Dem Erleben der Schönheit der Tropfsteinhöhle Grotta di San Giovanni bei Domusnovas ist dies jedoch eher zuträglich, nimmt sich der Entdecker doch außer einer Taschenlampe auch genug Zeit, die Einzigartigkeit der Höhle auf sich wirken zu lassen (weitere Infos zur Grotte in Tour 4).

Küstenstraße im Süden Sardiniens

PRAKTISCHE HINWEISE

TOURISTINFORMATIONEN

Cagliari
Via Roma 145 (Palazzo Civico), 09124 Cagliari, Tel. +39 070 6778173, Mobil +39 338 6498498, cagliariturismo.it

Nora
Area archeologica di Nora, 09010 Pula, Tel. +39 070 9209366, comune.pula.ca.it

Sant'Antioco
Museo Archeologico »Ferruccio Barreca«, Via Sabatino Moscati, 09017 Sant'Antioco, Tel. +39 0781 82105, mabsantantioco.it

Carbonia
Museo del Carbone, Grande Miniera di Serbariu, 09013 Carbonia, Tel. +39 0781 62727, museodelcarbone.it

STELL- UND CAMPINGPLÄTZE

C 200 **Camping Capo Ferrato** (S. 159/F3)
Via delle Ginestre 12, 09043 Muravera,
Tel. +39 070 991012,
campingcapoferrato.it
GPS-Daten: 39.243010, 9.570884
Kompakter, familiär geführter 3-SterneCamping an der Costa Rei mit 83 parzellierten Stellplätzen, davon 26 in erster Reihe am Strand. Komplette Infrastruktur mit Markt, Bar und Restaurant; direkter Zugang zum weitläufigen, feinen Sandstrand. Beliebt insbesondere bei deutschen Urlaubern. Umfangreiches und wechselndes Unterhaltungsprogramm, in der Nebensaison mit Ausflügen im Rahmen der sogenannten Sardischen Wochen. Im Juli/August ist die Mitnahme von Hunden verboten.

C 201 **Camping Spiaggia del Riso** (S. 159/F4)
Località Campulongu, Via degli Aranci 2, 09049 Villasimius,
Tel. +39 070 791052,
villaggiospiaggiadelriso.it
GPS-Daten: 39.122228, 9.510375
Weitläufiger 3-Sterne-Camping mit über 200 parzellierten Stellplätzen; komplette Infrastruktur mit Einkaufsmarkt, Restaurant, Sportplätzen. Der Platz ist durch eine wenig befahrene Straße geteilt, die rechte (Rezeptions-) Seite im Pinienwald ist eher für Vans, die linke, strandnahe Seite für größere Wohnmobile geeignet. Fußläufig zum Hafen mit weiteren Freizeit- und Gastronomieangeboten; in der Hochsaison Mindestaufenthalt 14 Tage.

S 202 **Camper Cagliari Park** (S. 158/D3)
Via Stanislao Caboni 13, 09125 Cagliari, Tel. +39 070 303147, Mobil +39 329 6713141,
campercagliaripark.it
GPS-Daten:
39.210415, 9.128586
Schatten- und liebloser Parkplatz für ca. 30 bis 40 sehr eng abzustellende Wohnmobile, je nach Anweisung; V/E, erneuerungsbedürftiger kleiner Sanitärcontainer. In einem Wohngebiet ca. 30 Gehminuten vom Stadtzentrum entfernt gelegen, enge Zufahrt mit Aufsetzgefahr; tagsüber reger öffentlicher Autowaschservice am Platz. Leider der einzige Platz in der Hauptstadt – wer in Cagliari nicht unbedingt über Nacht bleiben möchte, erfreut sich an außerhalb gelegenen Alternativen.

C 203 **Flumendosa Camping Village** (S. 158/C5)
Via Flumendosa 12, 09050 Santa Margherita/Pula,
Tel. +39 070 4615332,
campingflumendosa.com
GPS-Daten: 38.967614, 8.978627

↑ Agriturismo Costa del Sud ↗ Flumendosa Camping Village Pula

Großzügig angelegter Campingplatz mit natürlich durch Baumbestand abgegrenzten Stellflächen; komplette Infrastruktur mit Bar/Restaurant/Pizzeria, Minimarkt, Fahrradverleih, Pool. Nur durch eine wenig befahrene Straße vom wenige Meter entf ernten Strand getrennt; ruhiger und ideal gelegener Standort nach Stadterkundung von Cagliari und für die Besichtigung der benachbarten archäologischen Stätte von Nora.

S 204 **Area Camper Chia** (S. 158/B6)
Chia Loc. Su Giudeu, 09010 Domus de Maria,
Mobil +39 339 1606776,
chia.it/areacamper.htm
GPS-Daten: 38.908808, 8.879602
Baumbestandener Stellplatz für ca. 80 Wohnmobile südwestlich von Chia; V/E, Strom, Dusche/WC, mit festgelegten V/E- und Müllentsorgungszeiten. Fußläufig und entlang einer Lagune zum feinsandigen Strand von Giudeu mit schöner Strandbar; der Strand ist auch bei einheimischen Tagesgästen sehr beliebt, die gegenüber vom Stellplatz parken. Keine Einkaufsmöglichkeiten in unmittelbarer Nähe, dafür gutes Restaurant fußläufig.

S 205 **Agriturismo Costa del Sud** (S. 158/A6)
Località Tuerredda, SP 71, 09019 Teulada, Mobil +39 349 3602181, +39 348 2830133,
Facebook: Agriturismo COSTA DEL SUD
GPS-Daten: 38.952730, 8.719644
Kleiner, aber äußerst ansprechender, künstlerisch gestalteter Agriturismo für ca. acht Wohnmobile, davon drei im unterhalb gelegenen Bereich für größere Fahrzeuge. V/E, Strom, sehr gepflegter Sanitärbereich; direkt an die Stellplätze angrenzender, kleiner und einladender Pool. Enge Hauptzufahrt, größere Mobile müssen eine separate Einfahrt nehmen; intime, ruhige Abseitslage mit gepflegter Rasen- und Gartenanlage, Hängematten, Sitzgruppen. Die nächsten Strände sind problemlos erreichbar (ca. 500 m); weder Markt noch Restaurant in fußläufiger Nähe, bei längerer Verweildauer empfiehlt sich ein vorheriges Auffüllen der Vorräte.

C 206 **Camping Tonnara** (S. 157/G5)
Località Cala Sapone, SP 76, 09017 Sant'Antioco,
Tel. +39 0781 809058,
Mobil +39 342 8111100,
campingtonnara.de
GPS-Daten: 39.006787, 8.387723
Großflächiger, insbesondere bei Deutschen beliebter, parzellierter und terrassierter Campingplatz mit schattigen Plätzen (wenn Sonnensegel montiert); komplette Infrastruktur, gebührenpflichtiges WLAN; Restaurant/Bar mit großer Terrasse, schöne Poolanlage; Minimarkt, diverse Sportangebote, Bungalows und Mobilheime oberhalb und hinter dem Campingplatz. Ruhige Abseitslage an der Bucht von Cala Sapone; direkter Zugang zu kleinem Felsenstrand; Sandstrand und Strandbar fußläufig außerhalb der Anlage.

Faszination Marmilla mit ihren kegelförmigen Hügeln

3

AUF ENTDECKUNGSREISE IN DIE SARDISCHE URSPRÜNGLICHKEIT

Traditionen, Genuss und Historie im Inselinneren

Das geheimnisvolle Sardinien erschließt sich den Besuchern insbesondere bei einem Besuch des Inselinneren. Reich gesegnet mit spektakulärer Natur, kulinarischen Köstlichkeiten und einer angenehm herzlichen Art der Sarden ist diese hier vorgestellte Region abseits von Küste und Strand eine echte Bereicherung. Bemerkenswerte Gebirgslandschaften mit Gennargentu und Supramonte, archäologisch wertvolle Funde, regionale, landwirtschaftliche Produkte wie wunderbar gereifter Pecorino und frischer Ricotta, Spanferkel, Honig oder herrliche Süßigkeiten ziehen nicht nur das Auge, sondern auch den Gaumen in den Bann.

Und so spürt diese Wohnmobilroute echte Kleinode auf, führt vom sehenswerten Weltkulturerbe der Nuraghe Su Nuraxi zur Olivenölverkostung in einer Ölmühle und weiter zu den sardischen Kleinpferden, den Cavallini della Giara, die wild in freier Natur auf einem Hochplateau leben. In Orgosolo geht es zurück in die Zeit der Freiheitskämpfer, mittlerweile sind ihre Wandgemälde ein beliebtes Touristenziel. In Nuoro wartet das ethnologische Museum mit vielfältigen Informationen, Trachten und Musikinstrumenten auf. Den Abschluss bildet die naturnahe Übernachtung auf einem Bauernhof in der Barbagia. Von Süden kommend ist der Einstieg in die Tour über die SS 131 bei **Sanluri** ideal. Entgegen den oftmals eintönigen Dörfern oder Feriensiedlungen hat diese Stadt ein echtes Gesicht. Für Besucher geöffnet sind das quadratisch erbaute, imposante Castello di Sanluri von 1355 mit Innenhof und dicken Mauern und die im Innenraum reich verzierte, um 1776 erbaute Kirche Nostra Signora delle Grazie in der Via Carlo Felice.

Chiesa di Nostra Signora delle Grazie, Sanluri

IN DER MARMILLA

Kegelförmige Hügel, saftige Wiesen und viel Grün kennzeichnen den nachfolgenden Landstrich, Marmilla genannt. Mit seinen hübschen Backsteinbauten und gleich zwei Kirchen ist das kleine **Tuili** das erste Etappenziel des Tages. Der einfache Stellplatz nahe dem Busbahnhof bietet alles, was der Camper für eine Übernachtung braucht. Je nach Ankunftszeit lohnt es sich, die Kirche San Pietro mit Ursprung im 15. Jahrhun-

ROUTE 3

START- UND ENDPUNKT
Sanluri und Nuoro

STRECKENLÄNGE
244 km

FAHRZEIT
7 bis 10 Tage

Start
Sanluri
Castello
Cantina Su´entu
Marmilla
22 km
Tuili

SPECIAL

CANTINE APERTE – OFFENE WEINKELLER LADEN EIN

Am letzten Mai-Wochenende schließt sich Sardinien einem italienweiten Event an (movimentoturismovino.it). Unterschiedliche Weingüter öffnen ihre Keller und laden gegen eine geringe Teilnahmegebühr zum Verkosten ein. Mit von der Partie ist das familiengeführte Weingut Su'entu, dessen herrliche Alleinlage mit sensationellem Blick über die liebliche Landschaft bei Sanluri auch an anderen Tagen einen Besuch wert ist. Die bekanntesten Rotweine sind Cannonau und Monica de Sardegna und als Weißwein Vermentino di Sardegna.

dert bei einem Spaziergang in der Ortsmitte zu besichtigen.
Der nächste Tag steht ganz im Zeichen der nuraghischen Zivilisation auf Sardinien. Die nahe gelegene Nuraghenanlage **Su Nuraxi** auf einem Hügel vor **Barumini** wurde 1997 zum UNESCO-Weltkulturerbe erklärt und ist »nur« eine von fast 8000 Nuraghen auf der Insel. Nicht alle sind jedoch so großflächig und so gut erhalten, bei einigen Nuraghen sind lediglich die Reste des kegelstumpfförmigen Turms erkennbar.
Erst im Jahr 1951 begann der Prähistoriker Giovanni Lilliu mit den umfangreichen Ausgrabungen von Su Nuraxi, die 1956 endeten. Bei einer Führung (englisch oder italienisch) wird erläutert, wie die heute restaurierten Ruinen in der Mittleren Bronzezeit bis zur Eisenzeit, 1500 bis 500 v. Chr., aus Steinen und ohne Mörtel erbaut wurden und wie die Nuragher lebten. Die komplexe Sozialstruktur ist bemerkenswert: Die größeren Nuraghendörfer waren für die Bevölkerung zugleich Lebens- und Schutzraum, da die schmalen Gänge und die Türme auch der Verteidigung dienten.

Tuili
SP5 SS197 — Nuraghe Su Nuraxi, Parco Sardegna in Miniatura, Gesturi, Giara di Gesturi
16 km
SS128 SP59 — Gesturi, Nurallao, Isili
34 km
Serri
SP59 — Santa Vittoria, Serri
SP9 — Serri, Escola, Sa Mola, Isili
SS128 SP52 — Perd'e Cuaddu, Borgata Pirastera
53 km
Meana Sardo

Die Eintrittskarte für die Nuraghe Su Nuraxi berechtigt auch zum Besuch des 2006 eröffneten Museums **Palazzo Zapata** in Barumini. Das Museum ist zugleich imposante Ausgrabungsstätte, wurde der Palast im 16. Jahrhundert doch auf den Resten einer Nuraghe errichtet, die allerdings erst in den 1980er-Jahren freigelegt wurde. Die Ausgrabungsarbeiten dauern weiter an, transparente Laufstege ermöglichen den Besuchern wunderbare Einblicke in die Geschichte.
Wegen ihrer Nähe zur Pfarrkirche wird diese Nuraghe auch Nuraxi 'e Cresia (Nuraghe der Kirche) genannt.

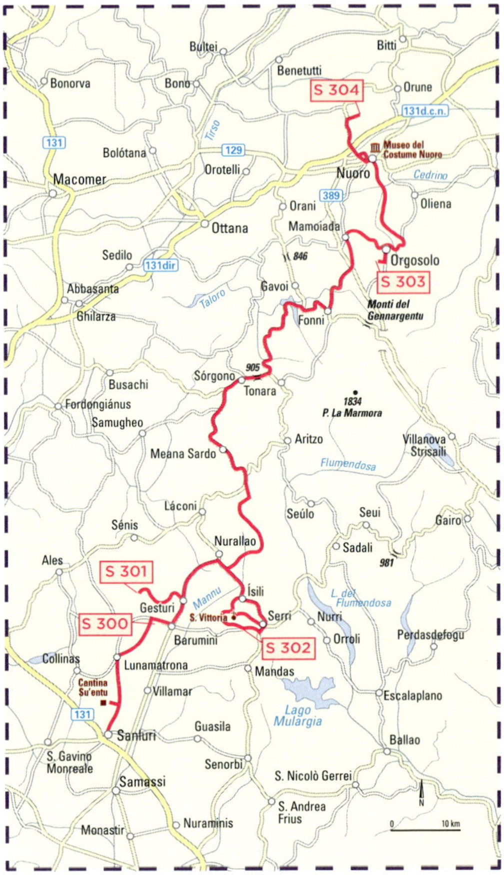

Um einen weiteren Eindruck von der Lebensweise der Nuragher zu erhalten, lohnt es sich, insbesondere mit Kindern, den nur wenige Kilometer entfernten »Parco Sardegna in Miniatura« zu besichtigen. Dort ist, anschaulich erklärt, ein Nuraghendorf mit den typischen runden, überwiegend privat genutzten Hütten aufgebaut.

WILDE PFERDE, KORKEICHEN UND GANZ VIEL RUHE

Wer will, übernachtet nach dieser Fülle von Informationen über archäologische Funde noch einmal auf dem Stellplatz in Tuili. Alle anderen treten die knapp einstündige Fahrt auf der SS 197 zu den einzigartigen Giara-Pferden, den Cavallini della Giara, an. Hier wartet als nächstes Touren-Highlight Natur pur. Begleitet von grasenden Schafen, bunt blühenden Wiesen und den kegelförmigen Hügeln der Marmilla folgt man in **Gesturi** dem Schild »Altopiano della Giara«. Die steile Straße führt links hoch und ermöglicht tolle Ausblicke in die Ebene und auf das hübsch aussehende Gesturi. Der Parkplatz auf der Hochebene ist gleichzeitig Eingang zum Plateau, das zu Fuß oder mit dem Fahrrad erkundet werden darf. Eine Übersichtskarte zeigt die Rundwege und Besonderheiten auf.

Naturfreunde beeindrucken die Stille, die vom Wetter geformten Korkeichen und der sanft über die Ebene streichende Wind. Es gibt drei flache Seen zu entdecken, entspannt ruhende Ziegenherden und natürlich die wild lebenden, kleinwüchsigen Pferde, die sich, durchaus aus der Nähe, beim genüsslichen Grasen beobachten lassen. Auf dem Parkplatz ist es erlaubt, die Nacht im Wohnmobil zu verbringen, und wer Einsamkeit und die Urkraft von Bäumen und Wiesen liebt, wird dieses Angebot sicherlich gern annehmen.

Ausgrabungsstätte Santuario Nuragico Santa Vittoria Serri

Hochebene Giara di Gesturi

Olivenölmühle und Stellplatz
Sa Mola

220 000 QUADRATMETER GESCHICHTE

Fans von »alten Steinen« und Geschichte freuen sich am folgenden Tag, den archäologischen Park von **Santa Vittoria** bei **Serri** zu erkunden. Er liegt ebenfalls auf einer Hochebene, die von Gesturi am Stausee Is Barrocus vorbei über Isili angefahren wird. Kletterfreunde machen bei den überhängenden Felsen halt, um sich dem Freeclimbing zu widmen. Ansonsten folgt man der Ausschilderung »Sito Archeologico« ab Isili immer weiter und fährt die schmale Straße bis zum Ende. Hier befinden sich ein Wendehammer mit Parkplatz sowie der Eingang zum 220 000 Quadratmeter großen historischen Heiligtum auf der Hochebene Giara di Serri mit rund 670 Metern ü. NN.

Meana Sardo
SS128 Atzara
Mandrolisai
Sorgono
Ovodda
SS389 Lago du Gúsana
51 km
Fonni

Mit dem deutschsprachigen Audioguide kann die Anlage individuell besichtigt werden. Auch hier wirkt die Stille äußerst entschleunigend, wer kann, spürt vielleicht die Energie, die von dieser heiligen Stätte ausgeht. Geschichtlich ist der Ort von großer Bedeutung, da unterschiedliche Spuren der nuraghischen Zivilisation und der Religiosität sowie des kulturellen Schnittpunkts aller sardischen Stämme gefunden wurden. Darüber hinaus bezeugen bei den Ausgrabungen gefundene etruskische, phönizische und zyprische Gegenstände den Austausch mit entfernten Völkern.

Die imposante Anlage ist in vier Bezirke aufgeteilt, unter anderem in den Heiligen Bezirk einschließlich des dem Wasserkult gewidmeten Brunnentempels und in den Bezirk der Feiern, der großzügig bemessen Raum für Märkte und Feste bot. Die im 11. Jahrhundert als christlicher Wallfahrtsort errichtete Kirche Santa Maria della Vittoria gab der historischen Stätte ihren Namen.

Tickets gibt's in der Bar mit angrenzendem Spielplatz, sie ist täglich geöffnet. Wer zuvor Su Nuraxi besucht hat, erhält sogar Sonderpreise.

LECKERES OLIVENÖL UND STELLPLATZ FÜR DIE NACHT

Will man das unvergleichliche Geschmackserlebnis von Orangen-Olivenöl mit Ziegenfrischkäse und Honig live erleben, ist man bei Alessandro und Mutter Martina genau richtig. Hierfür geht es die schmale Straße von der Hochebene zurück, um dann rechts auf die SP 59 nach Escolca abzubiegen. Wieder fasziniert der Blick über die weite Ebene, die unterschiedlichen Grün-Nuancen begeistern gerade im Frühjahr bei strahlend blauem Himmel das verwöhnte Auge und inspirieren den Geist.
In **Escolca** angekommen, geht es links ins Gewerbegebiet zum Familienbetrieb **Sa Mola**. Das unscheinbare Gebäude ist Olivenpresse, Produktions- und Verkostungsstätte zugleich. Chefin Martina sammelt zudem alte sardische Handwerksutensilien und hat mittlerweile mit viel Liebe ein kleines informatives Museum eingerichtet. Alessandro spricht Englisch und erläutert die Produktionsabläufe. Das schmackhafte Olivenöl kann man kaufen und wer will, nimmt zuvor an einer Verkostung teil. Exkursionen werden ebenso angeboten. Für eine Übernachtung vor Ort stehen einige Wohnmobilstellplätze zur Verfügung.

Picknick mit Fernsicht im Gennargentu

PICKNICK MIT AUSSICHT: GENNARGENTU

Neuer Tag, neue Impressionen! Unsere Empfehlung: Ein früher Start bringt Gelassenheit während der Fahrt und lässt Zeit fürs

So wächst der gute Wein: Mandrolisai

Seadas al miele

Innehalten und Genießen. Die recht lange Tagesetappe streift die Weinstraße Strada del Vino Cannonau in **Meana Sardo**; die Gegend um Atzara heißt **Mandrolisai** und ist bekannt für ihre Weinhänge und guten Tropfen. Ein bezaubernder Panoramablick folgt dem nächsten, die Natur schmiegt sich in ihrer Vielfältigkeit geradezu ums Wohnmobil. Wenn beim Vorbeifahren der Carabinieri freundlich grüßt und der alte Sarde gelassen auf der Steinmauer in **Sorgono** sitzt, dann sind die Wohnmobilisten angekommen in der sardischen Ursprünglichkeit.
Bis zum Mittagsimbiss ist mit **Fonni** auf über 1000 Metern das höchstgelegene Bergdorf Sardiniens erreicht. Der Hauptstraße und der Ausschilderung »Bruncu Spina« folgend, schraubt sich die Straße gut befahrbar und mit herrlichen Ausblicken auf das Gebirge des **Gennargentu** noch einige Kilometer bis auf 1525 Meter hoch. Am Ende der Straße befindet sich eine Schranke und, wer hätte es vermutet, ein Skilift.
Dies ist der perfekte Zeitpunkt für ein einzigartiges Picknick mit Ausblick, auch wandern oder spazieren gehen kann man vortrefflich in dieser herrlichen Luft. Wer will, macht es den Sarden nach und zapft an der bei der Rückfahrt rechts liegenden Quelle noch frisches Wasser für die nächsten Tage.

SUPRAMONTE – EINZIGARTIGER KRAFTORT

Ziel des Tages ist der **Camping Supramonte** bei Orgosolo. Um die herrliche Alleinlage zu erreichen, heißt es am Ortseingang (Self Wash) rechts abbiegen, den Berg hochfahren, nach rund drei Kilometern die Einfahrt zur schmalen Zugangsstraße nehmen und bis zum Tor fahren. Wer Glück hat, trifft

Kraftort Supramonte

Murales in Orgosolo

SPECIAL

KÖSTLICHE VERFÜHRUNG MIT DOLCI SARDI

Süßschnäbel und Leckermäulchen sind bei den sardischen Süßigkeiten genau an der richtigen Adresse. So locken etwa pardulas, gebackene süße Ricotta-Küchlein, frittierte seadas (auch: sebadas), mit Ricotta gefüllte Teigtaschen, die gern mit Zitrone und Honig als Nachtisch gegessen werden, oder einfach nur amaretti, das leckere Mandelgebäck. Wer hier wiederstehen kann, ist zu bewundern – oder vielleicht doch eher zu bedauern? Italienische Lebensart zeigt sich natürlich tagtäglich insbesondere unterwegs in den Bars, wenn der Espresso schnell am Tresen und im Stehen getrunken wird – ein kurzer Plausch inbegriffen.

abends in der Bar des naturnahen Platzes auf singende und musizierende Sarden, die mehrstimmig den traditionsreichen Gesang »Canto a Tenore« zum Besten geben.
Doch dieser Ort bietet noch viel mehr und so steht der nächste Tag gern im Zeichen einer geführten Jeep-Exkursion ins Umland. Orgosolo liegt zu Füßen des **Supramonte-Massivs**. Das weitläufige Weideland dient Schafen, Ziegen, Kühen, Pferden und Schweinen als Nahrungsquelle. Und wer noch höher über die Steine klettert, erhascht den gigantischen Blick auf die spektakuläre Bergwelt des Höhenzugs. Gekrönt wird der Ausflug vom traditionellen Spanferkelgrillen und einem köstlichen, typisch sardischen Mittagessen im Freiluft-Picknickareal des Platzes.

↑ Barbagia pur: Stellplatz Agriturismo Costiolu ↙ Neue und alte Wandmalereien mischen sich heute in Orgosolo. ↘ Neugieriger Besuch am Wohnmobil

AUF DEN SPUREN DER FREIHEITSKÄMPFER

Eine weitere Nacht auf dem Camping Supramonte stärkt für die Weiterfahrt. Recht schnell, nämlich bereits in **Orgosolo**, erfolgt der erste Stopp. Ziel sind die sogenannten **Murales** der Freiheitskämpfer, Wandmalereien, die es zu einer grenzüberschreitenden Berühmtheit gebracht haben. Mit dem deutschsprachigen Audioguide, den Miriam vom Tourenanbieter ScopriOrgosolo an der Piazza Caduti in Guerra bereitstellt, ist es einfach, die Hintergründe und Geschichten der zahlreichen Wandbilder individuell zu entdecken. Es geht um Sozialkritik, Tradition, Kultur, Alltag und Politik. Begonnen hatte alles 1969 und zog sich bis in die 1970er-Jahre – als gewaltfreier Protest der Bewohner, die ihre Freiheiten vor staatlichen Eingriffen schützen wollten. Im Vordergrund stand die Botschaft, nicht die Malkunst. Noch heute entstehen hier und in anderen Dörfern Sardiniens neue Murales mit aktuellem Bezug zu politischen und sozialen Themen. Alle, die den legendären Mirto-Schnaps bis jetzt noch nicht probiert haben, sollten übrigens im Dorf zumindest die alkoholfreie Variante, das fliederfarbene Mirto-Eis, kosten, um den besonderen Geschmack kennenzulernen.

KULTURELLES ERBE

Tief eingetaucht ist diese Wohnmobiltour in sardisches Kulturgut, in archäologische Besonderheiten, in Traditionen und Lebensart. Im Istituto Etnografico della Sardegna in **Nuoro** (Via A. Mereu 56, montags geschlossen) hat das kulturelle Erbe der Insel einen hervorragenden Platz gefunden, um komprimiert und individuell per Audioguide (deutsch) entdeckt zu werden. Es ist Sardiniens größtes ethnografisches Museum und wurde nach einer umfassenden Modernisierung 2015 wiedereröffnet. Die ansprechende Präsentation zeigt das Leben von Fischern und Hirten, unterschiedlichste Trachten, Schmuck, die sardische Vielfalt der Brotkunst, Musikinstrumente wie die Hirtenflöten Launeddas, Karnevalskostüme und sardische Masken (*maschere sarde*) in ihrer vollen Pracht und Eigenart.

Die Stadt Nuoro ist mit über 36 000 Einwohnern zugleich Hauptstadt der Provinz Nuoro und damit Zentrum für die umliegenden Dörfer und Landstriche. Sie liegt am Fuße des Hausbergs Monte Ortobene (955 m) und bietet in der Altstadt einladende Einkaufsmöglichkeiten, Cafés und Restaurants.

ÜBERNACHTEN AUF DU UND DU MIT DER NATUR

Natürlich und ursprünglich, mit Kühen, Ziegen, Hühnern, Schafen, Hunden und Katzen – es wartet ein richtiger sardischer Bauernhof in Alleinlage, der auch leckeren Käse und Wein verkauft. Gefühlt mittendrin im (N)irgendwo! Die letzte Nacht ist der perfekte Abschluss dieser Route »back to the roots« und hat einen ganz besonderen Charakter. Auf dem **Agriturismo Costiolu** ist das Leben im Einklang mit der Natur und den Tieren noch gesetzt. Der Stellplatz in der von Korkeichen, Wiesen und Weideland geprägten **Barbagia**, der Hochebene nahe Nuoro, punktet zudem mit einem wunderbaren Blick auf das Supramonte-Massiv. So klingt die Tour entspannt aus, ein leichter Wind streicht durch Blumen und Gräser, während der leise und langsam näher kommende Glockenklang der Schafe erkennen lässt, dass es Abend wird. Diese Wohnmobilroute durchs Inselinnere lässt sich übrigens je nach Reiseplan und -dauer hervorragend mit anderen Touren kombinieren und ergänzen.

PRAKTISCHE HINWEISE

TOURISTINFORMATIONEN

Sanluri
Castello di Sanluri, Via Gen. Villa Santa 1, 09025 Sanluri, Tel. +39 070 9307184, Mobil +39 393 9916135, castellodisanluri.it

Su Nuraxi
Zona Archeologica Su Nuraxi di Barumini, Viale Su Nuraxi, 09021 Barumini, Tel. +39 070 9368128, Mobil: +39 377 1805443
Polo Museale Casa Zapata, Piazza Giovanni XXIII, 09021 Barumini, Tel. +39 070 9368476, fondazionebarumini.it

Orgosolo
ScopriOrgosolo Audioguide Murales, Piazza Caduti in guerra, 08027 Orgosolo, Mobil +39 348 5611704, Facebook: facebook.com/ScopriOrgosolo

Nuoro
Museo Etnografico Sardo, Via A. Mereu 56, 08100 Nuoro, Tel. +39 0784 257035, isresardegna.it

Panoramablick von der Hochebene Giara di Serri

STELL- UND CAMPINGPLÄTZE

S 300 **Stellplatz Area Sosta Camper Tuili** (S. 155/F4)
Piazza Vittorio Veneto/SP 5, 09029 Tuili, Tel. +39 070 9364481, comunas.it/tuili
GPS-Daten: 39.711075, 8.962100
Gebührenfreier, ganzjährig nutzbarer und einfacher Stellplatz für acht Wohnmobile auf eingezäuntem und beleuchtetem Areal; V/E und Strom gegen Münzeinwurf. Ruhige Lage trotz benachbartem kleinen Busbahnhof; fußläufig in den gepflegten Ortskern; guter Ausgangspunkt für Besichtigungen von Su Nuraxi, Giara di Gesturi und anderen Sehenswürdigkeiten.

S 301 **Parkplatz Giara di Gesturi** (S. 155/F4)
Via Giara, 09020 Gesturi, Tel. +39 070 9360029, comune.gesturi.vs.it
GPS-Daten: 39.735956, 8.999557
Parkplatz ohne jede Infrastruktur nordwestlich der Ortschaft Gesturi am Eingang des Naturreservates; von Gesturi aus (SS 197 Richtung Nuragus, Abzweig am Ortsende nach links) den Hinweisschildern immer aufwärts folgen; eine gebührenfreie Übernachtung ist nach vorheriger Anmeldung im Infohäuschen erlaubt. Guter Ausgangspunkt für ausgedehnte Wanderungen oder Fahrradtouren (Verleih vor Ort) über die Hochebene zu idyllischen Rastplätzen an den Wasserflächen und für die

↑ Traditionelles Sardinien: Porceddu ↗ Landschaft zum Verlieben: Korkeichen und blühende Wiesen

Beobachtung der kleinen Wildpferde. Wer Naturerlebnis, Abgeschiedenheit und nächtliche Einsamkeit sucht, wird hier fündig.

S 302 **Stellplatz Olivenölmanufaktur Sa Mola** (S. 155/G4)
Località Figarba, 09052 Escolca, Tel. +39 0782 808436, Mobil +39 348 1024268, oliosamola.com
GPS-Daten: 39.375824, 9.177282
Stellplatz für ca. acht Reisemobile auf dem Hinterhof eines alteingesessenen Familienbetriebs für Olivenölproduktion; V/E, Strom, Dusche/WC. Die engagierte Familie Cadoni führt auf Anfrage sehr schmackhafte Olivenöl-Verkostungen durch und erklärt den gesamten Produktionsprozess im Olivenhain und Betrieb (auf Englisch). Wer die Thematik rund um das beliebte native Olivenöl aus erster Hand erfahren möchte, ist hier genau richtig.

C 303 **Camping Supramonte** (S. 153/E6)
Località Sarthu Thitthu/SP 48, 08027 Orgosolo, Tel. +39 078 4401015, Mobil +39 349 1775877, supramonte.it
GPS-Daten: 40.193361, 9.350089 (Abzweigung/Zufahrt)
Oberhalb von Orgosolo und mitten im Wald gelegener Campingplatz für ca. 15 Wohnmobile; V/E, Strom, Dusche/WC, Restaurant/Bar; naturbelassene, größtenteils unebene und schattige Stellflächen. Der Platz lebt von seiner Lage, dem herzlichen Pächter Gino, seinem engagierten Team und dem lebendigen sardischen Mittagessen im Freien. 4×4-Jeep-Exkursionen, Wander- und Reitausflüge in die wunderschöne Umgebung buchbar; Einschränkungen bei Poolnutzung möglich; neue Sanitäranlage im Veranstaltungsbereich nutzbar.

S 304 **Agriturismo Costiolu** (S. 153/E4)
Località Lardine, SS 389 (Nuoro–Bitti) km 9, 08100 Nuoro, Mobil +39 333 5630740, agriturismocostiolu.com
GPS-Daten: 40.367821, 9.296719
Uriger Bauernhof in absoluter Alleinlage mit Platz für ca. acht Wohnmobile; V/E, Strom, separates Sanitärgebäude mit Dusche/WC. Die zwei alten Brüder Costa sind ganztags in den Landwirtschaftsbetrieb eingebunden, dennoch besteht die Möglichkeit, selbst gemachten und ausgezeichnet schmeckenden Käse, Ricotta und Wein zu kaufen. Künstler-Restaurant nur nach Voranmeldung für Mindestteilnehmerzahl geöffnet. Wer die Geräuschkulisse und Abgeschiedenheit eines Bauernhofes zu schätzen weiß, wird den Aufenthalt hier genießen.

Chiesa di San Giovanni di Sinis aus dem 6. Jhd.

4

SCHROFF, EINSAM, NATURNAH UND ROMANTISCH

Die Westküste hat das besondere Etwas

Noch nie durch eine befahrbare Tropfsteinhöhle gelaufen? Dann ist nun Premiere in der Grotte San Giovanni. Danach ruft die Altstadt der Bergarbeiterstadt Iglesias mit hübschen Gassen, bevor es ans Meer geht. Die Westküste Sardiniens ist insgesamt ruhiger, die Felsen sind schroffer und die Sonnenuntergänge spektakulär – Westküstenglück eben! Das Land der Minen ist beherrscht von Ruinen, die verlassen und vergessen von ihrer früheren glanzvollen Vergangenheit flüstern. Die Panoramaküstenstraßen beeindrucken mit spektakulären Aus- und Weitblicken, der kuriose Hafen im Berg, Porto Flavia, lockt als einzigartiges Bauwerk der 1920er-Jahre.

Sandstrände genießen – dafür stehen dann Buggerru und Portixeddu. Die beliebte Dünenlandschaft mit kilometerlangem Sandstrand an der Costa Verde ist für Sandstrandfans ein Muss, für andere aufgrund der anstrengenden Anfahrt verzichtbar. Die Gebirgslandschaft rund um Arbus zieht wiederum Berg- und Kurvenfreunde in ihren Bann. Die fruchtbare Ebene mit geraden Straßen bis Oristano lässt Mensch und Maschine aufatmen. Eine hübsche Laune der Natur, der Reiskornstrand und die Ausgrabungsstätte Tharros kurz danach sind »Must-have-Ziele« auf der Sinis-Halbinsel. Mit dem hübsch am Hang klebenden Städtchen Bosa und einer letzten traumhaften Küsten-Panoramafahrt nach Alghero endet die Westküstenroute mit einem auf jeden Fall wunderbaren bleibenden Eindruck!

EINZIGARTIGES GROTTEN-ERLEBNIS ZUM AUFTAKT

Gleich die erste Attraktion dieser Westtour hat es in sich. Denn es geht tief hinein oder besser: durch den Berg. Die begehbare Tropfsteinhöhle **Grotta di San Giovanni** bei **Domusnovas** durfte früher mit dem Auto durchfahren werden, heute geht es geruhsamer. Nämlich zu Fuß, gegebenenfalls mit Taschenlampe, oder locker mit dem Fahrrad hinein und auf der anderen Seite wieder hinaus. Der rund ein Kilometer lange, herrlich kühle Tunnel, in dem auch Fledermäuse ihr zu Hause haben, wurde einst als Minen-Wirtschaftsweg durch den Berg angelegt.

Dahinter wartet ein ruhiges Wäldchen mit schattigem Weg, der zum Spaziergang einlädt. Alternativ läuft man gleich wieder zurück und nutzt den Picknickplatz im Schatten unterhalb des Parkplatzes zum Mittagsimbiss, entspannt den plätschernden Bachlauf im Ohr. Die Anfahrt zur Grotte ist über die zweite Straße auch für größere Wohnmobile möglich, die erste angezeigte Straße wird immer schmaler und die Bäume sind gleichzeitig natürliche Höhenbegrenzung.

Die Bergarbeiterstadt **Iglesias** begeistert nur wenige Kilometer entfernt mit hübschen Gassen in der Altstadt und blumengeschmückten Balkonen. Der Brunnen am Kreisel vor der Via Cappuccini begrüßt die Wohnmobilisten, die Straße mit dem wohlklingenden Namen führt links am Friedhof

ROUTE 4

START- UND ENDPUNKT
Domusnovas und Bosa

STRECKENLÄNGE
349 km

FAHRZEIT
7 bis 10 Tage

Start Grotta di San Giovanni
Domusnovas
SS130
14 km
Iglesias

Naturdenkmal Grotta di San Giovanni, Domusnovus

vorbei in Richtung Innenstadt. Parken ist in der Via Nuova möglich. Zur Information: Die blauen Linien sind Payment-Zone, es muss also ein Parkticket am Automaten gelöst werden.
Die nahegelegenen **Giardini Pubblici** sind Treffpunkt für junge Leute. Die auf der Anhöhe fußläufig erreichbare Altstadt punktet mit Geschäften, schnuckeligen Plätzen mit Cafés und Restaurants und der Kathedrale Santa Chiara d'Assisi gegenüber der Touristeninformation.

Altstadtgasse in Iglesias – Blumen passen auf den kleinsten Balkon

EINFACH GRANDIOS, DIESE PANORAMAKÜSTENSTRASSE

Nach dem Stadtbummel führt die SS 126 bei der Weiterfahrt nun mitten durch die ehemalige Bergarbeitersiedlung und durchs Bergwerk. An der SP 83 geht es rechts ab Richtung Nebida und Buggerru, denn jetzt ruft das Meer. Die Küstenstraße nach **Fontanamare** schraubt sich stetig nach oben, ein grandioser Ausblick auf den **Golfo di Gonnesa** jagt den nächsten. Und so ist der bei km 6 links liegende Parkplatz in **Nebida** geradezu eine Erlösung für den sich stets drehenden Kopf und gleichzeitig der richtige Stopp. Denn ab hier führt ein atemberauben-

der Panoramarundweg oberhalb der Steilküste um den Berg. Immer wieder mit Blick auf den eindrucksvollen Felsen **Pan di Zucchero** (Zuckerhut) und je nach Uhrzeit auch auf einen traumhaften Sonnenuntergang. In Summe ein Spaziergang für die Seele.
Der danach folgende Abzweig nach **Masua** zeigt gleich was Serpentinen so können, daher vorsichtig in die Kurve hineinfahren, mit Gegenverkehr könnte es eng werden. Auf Meereshöhe angekommen, geht rechts der Abzweig über die Schotterstrecke wieder ein Stück nach oben bis zum Area Sosta Camper **La Nuova Colonia** und zum Eingang von Porto Flavia. Der Stellplatz ist beliebt und liegt teilweise, von oben gut anfahrbar, auf Höhe der Piste. Eine weitere Zufahrt führt etwas steil nach unten, dort stehen die Wohnmobile geschützt.
Die Badebucht lädt wie so oft zum Entspannen und Schwimmen ein. Doch das Highlight der Gegend ist **Porto Flavia**. Einige Hundert Meter nach der Zufahrt zum Area Sosta Camper ist der Parkplatz des Hafens ausgeschildert. Wohnmobile parken bevorzugt vor der Brücke, da der ausgewiesene Parkplatz am Meer eher für Pkws und Bullis geeignet ist.

DER HAFEN IM BERG: PORTO FLAVIA

Was tun, wenn keine Bucht als Hafen dient und dennoch dringend ein Hafen für den Abtransport des Gesteins aus dem Bergwerk benötigt wird? Genau diese Frage hatte sich der Ingenieur Cesare Vecelli auch gestellt. Heraus kam ein kreativer Vorschlag, der 1924 als »Hafen im Berg« umgesetzt wurde: Die Laderampe ist so hoch gelegen, dass Schiffe im Meer anlegen und von oben beladen werden konnten. Zuvor kam die Ladung in Loren durch den Berg, was dem ersten rund 600 Meter langen Teilstück der heutigen Sehenswürdigkeit den Charakter eines Bergwerks gibt. Die ideenreiche Konstruktion sparte Zeit, Geld und vor allem auch Manpower, die für das Umladen der Fracht von kleinen Booten auf große Segelschiffe nötig gewesen wäre. Heute ist Porto Flavia – benannt nach der Tochter des Erfinders – eine einzigartige Museumsanlage, die ihresgleichen sucht.
Nach so vielen Minen, Geschichten und spektakulärer Fahrerei mit Aussicht laden gleich zwei populäre Buchten mit Sandstränden zum Ver-

Iglesias
SS126 Altstadt
15 km
SP83 Nebida
Panoramarundweg
Masua
7 km
Porto Flavia

↑ Panoramafahrt in der Nähe von Arbus ↓ Pan di Zucchero und rechts im Berg der Hafen Porto Flavia

weilen und Baden ein. In **Buggerru** ist der Wohnmobilstellplatz schattenlos, aber direkt zwischen Bergwerk und Strand erbaut. Die Anfahrt ist ausgeschildert und erfolgt verwinkelt quer durch den Ort über die zweite Zufahrt in Buggerru.

AUSZEIT AM STRAND

Wer hier nur den spektakulären Ausblick von oben auf die Bucht genießt, aber auf der SP 83 weiterfährt, kommt nach **Portixeddu**. Gleich links auf der Anhöhe liegt der terrassierte Wohnmobilstellplatz Nicolò, im Anschluss folgt ein traumhafter, rund drei Kilometer langer Sandstrand, der in Portixeddu endet. Der rund einen Kilometer vom Strand liegende Camping **Ortus de Mari** beherbergt zahlreiche Wiederholungstäter, die immer wieder gern zum Deutsch sprechenden Inhaber Roberto kommen und die Ruhe unter schattigen Bäumen für ihren Erholungsurlaub nutzen. Daher der Tipp: Einchecken für zwei bis drei Nächte und Ausflüge zum Strand, zum Capo Pecora beziehungsweise zur Ausgrabungsstätte Tempio di Antas und zur Grotte Su Mannau einplanen.

TROPFSTEINHÖHLE UND TEMPEL

Als Tagestour, auch für naturverbundene Kinder geeignet, bietet sich der Besuch der Ausgrabungsstätte **Tempio di Antas** an, rund neun Kilometer von Fluminimaggiore entfernt. Die Anfahrt erfolgt durch ein hübsches Tal, die Abfahrt ist ausgeschildert und endet auf einem Parkplatz. Die Tickets zur Area Archeologica löst man am Kiosk, es gibt einen Übersichtsplan und Wegweiser im Gelände.
Der Tempel entstand als heiliger Ort in der Nuraghenzeit und wurde bis in die späte Römerzeit genutzt. Zu sehen gibt es außerdem das »Villaggio Nuragico«, und wer Lust hat, schlendert nach rechts den schmalen Weg durch den Wald zur 200-jährigen Eiche.

Bucht von Buggerru

↑ Herrlicher Sandstrand bei Portixeddu ↗ Tempio di Antas

Ein typisch sardischer Imbiss stärkt für den zweiten Teil des Ausflugs. Denn Wanderfreudige laufen von hier rund 2,5 Kilometer zur Tropfsteinhöhle **Grotta di Su Mannau**. Mit einem Guide können über 500 Meter zu festen Uhrzeiten besichtigt werden. Der Saal diente früher als unterirdischer Tempel und war dem Wasserkult geweiht. Selbstverständlich kann die Grotte auch direkt angefahren werden, der großzügige Parkplatz ist für Wohnmobile geeignet. Auf der Rückfahrt zum Campingplatz liegt linker Hand in **Fluminimaggiore** dann noch der kleine Käseladen »Formaggeria e non solo« mit herrlichen Produkten aus Schafs- und Ziegenmilch.

BERGTOUR VOM FEINSTEN

Früh auszuchecken und loszufahren lohnt sich, denn die Tagesetappe über Fluminimaggiore und dann weiter gen Norden hält über Kilometer hinweg viele beeindruckende Panoramaausblicke, Kurven und Höhenunterschiede bereit. Das über mehrere Höhenmeter lang gezogene Bergdorf **Arbus** ist Scheitelpunkt, hier sind Wohnmobile angehalten, der Ausschilderung Lkw/Bus-Route zu folgen. In **Guspini** und somit auf der anderen Bergseite in der Ebene **Campidano** angelangt, ist die Weiterfahrt geradezu erholsam für Besatzung und Wohnmobil. Auch bleibt etwas Zeit, die wunderbaren Eindrücke der Bergwelt sacken zu lassen. Die Provinz Oristano grüßt ab **Terralba**, Gärten, Felder, Oleander und Kühe für die dort ansässige Milchwirtschaft säumen den Kanal. Manhattan lässt grüßen in **Arborea**, die Straßen sind dort schachbrettartig angelegt und so geht es auf kerzengeraden Straßen vorbei an Bauernhäusern und Ställen. Für diese Nacht ist **Camping S'Ena Arrubia** das Ziel. Seine der Windrichtung angepassten Bäume spenden Schatten und sind zugleich ein hübsches Fotomotiv. Der Platz ist großzügig angelegt und endet am langen Strand, der eher von Einheimischen genutzt wird. Ein Lagunensee, an dem sich mit Glück auch ein paar Flamingos farbenfroh ablichten lassen, grenzt direkt an das Gelände. Gleich am Ausgang des Campingplatzes sind zudem die Ausschilderungen zahlreicher Radwege zu entdecken. Die gewaltige Natur hat sich allerdings mit ihren Wäldern die eine oder andere aufgehübschte Fläche schon wieder zurückerobert. Trotzdem ist hier alles flach und damit zum Fahrradfahren gut geeignet.

Sonnenuntergang an der Westküste

KURZSTOPP ORISTANO

Der Nordwesten ruft: Vor dem Campingplatz S'Ena Arrubia links ab, vorbei an den Lagunenseen und durch die Industriezone Santa Giusta, heißt die »Città della Ceramica« die Durchreisenden herzlich willkommen. Den Schildern »Centro/Duomo« folgend, überrascht **Oristano** mit einer hübschen Altstadt und der Kathedrale Santa Maria Assunta. Ihre bemerkenswerte, achteckige und im Inneren blau gehaltene Kuppel sowie das prachtvolle Chorgestühl sind sehenswert. Wie so oft mischen sich auch hier unterschiedliche Epochen und Baustile, was den auf Ursprüngen aus dem 12. Jahrhundert errichteten Dom von Oristano zur Sehenswürdigkeit macht.

Arbus
Unesco Geopark
SS126 6 km
Guspini
SS126
SP69
SP49 32 km
Arborea
SP97 7 km
CP S'Ena Arrubia
SP49 16 km
Oristano
SP6 Altstadt
SP7 Cattedrale di Santa Maria Assunt
SP59 20 km
CP Is Aruttas
12 km
Penisola del Sinis

Bekannt ist die Stadt zugleich für die um 1340 geborene Nationalheldin Eleonora d'Arborea, ihr wurde auf dem gleichnamigen Platz 1881 ein großzügiges Denkmal gesetzt. Sie war Richterin und Förderin der »Carta de Logu«, einem der ersten schriftlichen Gesetzeskodices in Europa. Der von Gebäuden im klassizistischen Stil bebaute Platz bietet sich für eine Pause an, die gegenüberliegende Touristeninformation hat für Geschichts- und Architekturinteressierte sicherlich noch weitere Tipps parat. Wer Lust hat, besucht das Keramikmuseum, bevor die Fahrt in Richtung Penisola del Sinis weitergeht.

SPECIAL

COSTA VERDE UND GEOPARK

Die faszinierende Küste der Costa Verde treibt insbesondere Bulli- und Kastenwagen-Enthusiasten die Freudentränen in die Augen. Als aktuelles »In«-Ziel ist für sie die Dünenlandschaft Piscinas daher ein Muss, für andere aufgrund der anstrengenden Anfahrt durchaus verzichtbar. Denn um über die SP 66 dorthin zu kommen, sieben die ausgeschilderte Höhenbeschränkung (3 m) der Tordurchfahrt in Ingurtosu und danach die kilometerlange Rüttel- und Sandpiste einige Urlauber bereits aus. Alle anderen werden mit Sanddünen und Stränden belohnt, so weit das Auge blickt, dazu mit einem Restaurant, das einen genialen Blick auf Strand und Meer präsentiert. Der Wohnmobilparkplatz Le Dune direkt am Kassenhäuschen mit Toilette ist zugleich Übernachtungsplatz. Für Geopark-Fans interessant sind die acht Standorte des UNESCO-Geoparks Parco Geominerario rund um die Denkmäler der industriellen Architektur von Arbus und Guspini. Diese verlassene Welt mit ihren stillgelegten Minen und Steinbrüchen zeugt von rund 8000 Jahren Bergbaugeschichte.

↑ Oristano, Nationalheldin Eleonora d'Arborea
↙ Buchten am »Reiskornstrand« nahe Camping Is Aruttas ↘ Oristano Kathedrale Santa Maria Assunta

Ausgrabungsstätte Tharros

DER REISKORNSTRAND – BEZAUBERND UND BELIEBT

Hier wartet er nun, der berühmte und bei Sardinienkennern beliebte **Spiaggia di Is Arutas**, der Reiskornstrand! So bewundernswert das glatt geschliffene Quarzgestein auch sein mag, fotografieren muss ausreichen, denn schon die Mitnahme kleinster Mengen ist mittlerweile unter Strafe verboten. Dennoch ist der Strand natürlich frei zugänglich. Nach dem Einchecken im naturnahen **Camping Is Aruttas**, der sich selbst als Hippieplatz bezeichnet, ist das Naturspektakel nur einen kurzen Spaziergang entfernt. Alle, die etwas länger laufen und die Meeresbrise genießen möchten, finden nördlich gelegen auch den weitläufigen Strand bei **Mari Ermi**.

Penisola del Sinis
SP6 Tharros
Capo San Marco
SP7 12 km
CP Is Aruttas
SP59
SP66
SS292 31 km
S'Archittu
SS292 Cuglieri
Magomadas
SP35 Turas
36 km
Bosa Marina
SS129 2 km
Bosa

ALTE SPUREN UND EIN ERFRISCHENDES BAD

Die Halbinsel **Penisola del Sinis** mit ihren fruchtbaren Böden hat noch viel mehr zu bieten: im Norden hübsche, von Felsen eingerahmte kleine Badebuchten bei **Putzu Idu**, im Süden die bedeutende Ausgrabungsstätte **Tharros** mit Ruinen des antiken Handelshafens, zudem den Leuchtturm **Capo San Marco** mit gleichnamigem Strand. Wer also zuerst die Archäologie und dann das erfrischende Vergnügen wählt, sollte zum erlebnisreichen Ausflug die Badesachen gleich mitnehmen.
Das Wohnmobil parkt auf dem großen, ausgewiesenen Parkplatz und zu Fuß geht es weiter entlang der früheren römischen Straße, die von Tharros nach Carnus führte. Ins Auge fällt dabei die Kirche San Giovanni di Sinis aus dem 6. Jahrhundert. Ein Blick hinein lohnt sich, eine deutschsprachige Beschreibung ist vorhanden. Auf dem großen nun folgenden Platz befindet sich rechts im Gebäude die Touristeninformation, zur Ausgrabungsstätte geht es weiter die Straße entlang in Richtung Landspitze.
Tharros wurde wahrscheinlich Ende des 8. Jahrhunderts beziehungsweise Anfang des 7. Jahrhunderts v. Chr. von den Phöniziern in einem Gebiet gegründet, das bereits während der Nuraghenzeit besiedelt war. Fundstücke und Nekropolen deuten darauf hin. In der zweiten Hälfte des 6. Jahrhunderts v. Chr. eroberten die Karthager Tharros, auch sie errichteten Gebäude wie den Tempel und die Stadtmauer.

DEM NORDEN ENTGEGEN

Die letzten Felder der Halbinsel verabschieden sich nun und bei Riola Sardo wechselt die Straße von der SP 66 auf die SS 292. Golfspieler nutzen den Abzweig zum Is Arenas Golf & Country Club, alle anderen nehmen Kurs auf den nächsten Küstenort **S'Archittu**, gefolgt von der ebenso traumhaften Bucht **Santa Caterina di Pittinuri** mit hellen Klippen. Im Laufe der Kilometer macht die Straße eine Biegung nach rechts, weg vom Meer. Die weithin sichtbare Basilica di Santa Maria della

Neve im Bergstädtchen **Cuglieri** taucht auf. Der Ausschilderung Bosa folgend, ist auch bald das glitzernde Meer erneut im Blickfeld. Im Touristenort **Bosa Marina** mit seiner lang gezogenen Promenade und der Mündung des Flusses Temo ins Meer führt die Anfahrt nach Bosa am Porto Via Cristoforo Colombo vorbei. Mit dem Wohnmobil ist es sinnvoll, auf dieser Flussseite zu bleiben und vor Bosa der Ausschilderung »Wohnmobil/Bus-Parkplatz«, gelegen am westlichen Ende der Via delle Conce/Via Spano, zu folgen. Denn hier wartet eine Fußgängerbrücke über den Fluss rüber zur Altstadt-Seite auf die Neuankömmlinge.

Kleine Fischerboote schaukeln in den seichten Wellen des Flusses, die Stadt schmiegt sich malerisch an den Berg und die bunten Häuser verbreiten sogleich gute Laune und machen Lust, die engen Gassen oder das **Castello Malaspina** mit seiner hervorragenden Fernsicht zu erkunden. Überraschend, aber hübsch anzusehen sind die an den Wänden hängenden Blumentöpfe, gefertigt aus alten Dosen. In der Nähe der alten Brücke beeindruckt die Cattedrale dell'Immacolata mit aufwendig gestaltetem Innenraum, zahlreichen Altären, einer schönen Kuppel und dem bemerkenswerten Chorgestühl. Weinliebhaber ziehen vielleicht den im Umfeld angebotenen »Malvasia di Bosa« der Kirchenbesichtigung vor, es spricht aber nichts dagegen, beide in ihrer Schönheit zu entdecken.

Der Abend klingt dann auf dem sechs Kilometer entfernten **Camping S'Abba Druche** aus. Dafür geht es vom Parkplatz zurück auf die SS 129, um über die große Brücke auf die SP 49 Richtung Alghero zu wechseln. Die Einfahrt zum Campingplatz kommt ziemlich abrupt auf der linken Seite und es geht gleich steil nach unten zum Einchecken. Anschließend folgt ein längerer Schotterweg, der mit jedem Meter die Schönheit dieser herrlichen Bucht sichtbar werden lässt. Alle, die noch ein paar Tage Zeit haben, bis sie die Fähre zurück in den Alltag bringt, werden hier sicherlich mehr als eine Nacht verbringen.

Bosa
SS129 SP49 Altstadt Castello Malaspina
6 km
CP S'Abba Druche
SP105 5 km
Capo Marrargiu
38 km
Alghero
SP127 Altstadt Strandpromenade
2 km
CP Mariposa

Küstenstreifen mit Buchten
Halbinsel Penisola del Sinis

↑ Golfplatz Is Arenas, idyllisch im Pinienwald ↓ Alte Brücke in Bosa und das Castello Malaspina

Denn jeweils rechts und links des von Sonnenuntergängen verwöhnten Restaurants laden gleich zwei wunderschöne Buchten mit Sandstränden dazu ein, tagsüber Sonne und Meer zu genießen.

WENN DIE GEIER ÜBER DIR KREISEN

Ausgeruht kann es weitergehen nach Alghero, denn die SP 49 bringt die Wohnmobilbesatzung schnell wieder hinein in die Berge. Die Landschaft wird rauer, unterbrochen von bezaubernden Ausblicken auf die stets beeindruckende Küstenlinie mit Felsen und einsamen Buchten. Faszinierend ist übrigens auch die Spannweite der Gänsegeier, die hoch in den rechts liegenden Klippen des Capo Marrargiu in ihrer Kolonie leben. Wie so oft an schönen Ecken der Insel sind auch Motorradfahrer unterwegs. Und bei km 14 wartet ein Parkplatz mit Panoramablick auf Küste und Bucht für die letzten prägenden Eindrücke vor dem Ende dieser Tour.
Der nahtlose Übergang auf die SP 105 ist kaum spürbar, die Veränderungen der Landschaft und der Küstenstraße sind es durchaus. Hotels und Apartments kündigen die bei Touristen sehr beliebte Stadt **Alghero** an. Selbstverständlich ein Grund, warum hier der Endpunkt dieser Westküstenroute und der Start der Nordtour (Route 5) beim **Camping Mariposa** aufeinandertreffen. Die Stadt und ihr Umfeld sind in Route 5 ausführlich beschrieben.

SPECIAL

GOLFSPIELEN IM EINKLANG MIT DER NATUR

Die großzügige 18-Loch-Anlage des Golfplatzes Is Arenas liegt etwas versteckt inmitten eines Pinienwaldes. Eine Betonstraße, zugegeben mit einigen Schlaglöchern, führt von der SS 292 direkt ins Idyll. Die vor dem Is Arenas Golf & Country Club ausgeschilderte Höhenbeschränkung dient in der Hochsaison nur der Durchfahrtsbeschränkung von Versorgungsfahrzeugen, Wohnmobile dürfen bis zum Parkplatz weiterfahren. Das Sekretariat befindet sich rechts gegenüber der Driving Range und den geschützt abgestellten Golfcars. Fehlendes Equipment kann ausgeliehen werden. Die ganzjährig geöffnete Anlage garantiert Spielfreude und Entspannung, Gastspieler sind herzlich willkommen. So soll Urlaub sein!

PRAKTISCHE HINWEISE

TOURISTINFORMATIONEN

Iglesias
Piazza Municipio 1 (Palazzo Civico), 09016 Iglesias, Tel. +39 0781 274507, comune.iglesias.ca.it

Oristano
Piazza Eleonora 18, 09170 Oristano, Tel. +39 0783 308693, gooristano.com

Tharros
Località San Giovanni di Sinis, 09072 Cabras, Tel. +39 0783 370019, penisoladelsinis.it

Alghero
Via Cagliari 2, 07041 Alghero, Tel. +39 079 979054, algheroturismo.eu

STELL- UND CAMPINGPLÄTZE

S 400 **Stellplatz La Nuova Colonia** (S. 157/G2)
Località Nuova Masua, 09016 Iglesias, Mobil +39 349 5349325
GPS-Daten: 39.334346, 8.421743
Kompakter, schattenloser Schotter-Stellplatz am stillgelegten Bergwerk von Masua mit Platz für ca. 30 Wohnmobile; V/E, Strom; Wasserqualität bisweilen eingeschränkt. Der obere, kleinere Stellplatzbereich ist für größere Wohnmobile leichter anzufahren und hat Meerblick. Kurzer Fußweg hinab zum sehr attraktiven kleinen Strand mit Strandbar; fußläufig zum Bergwerk Porto Flavia.

S 401 **Stellplatz Buggerru (Marina)** (S. 157/G2)
Via Roma/Lungomare di Buggerru, 09010 Buggerru, Tel. +39 0781 1896114, buggerru.com
GPS-Daten: 39.402500, 8.401667
Gebührenpflichtige, schattenlose und parzellierte Schotter-Stellplätze für 42 Wohnmobile; V/E, Strom, Dusche/WC-Container. Der von der Gemeinde Buggerru eher lieblos betriebene Platz nahe der Marina lebt einzig von seiner Lage direkt hinter dem Strand, deshalb ideal für Meer-Gucker in der ersten Reihe. Fußläufig in den Ortskern mit Geschäften und Gastronomie-Angeboten.

↓ Drei Kilometer Sandstrand bei Portixeddu
↘ Camping Ortus de Mari

Camping S'Ena Arrubia, Arborea

S 402
Stellplatz Buggerru (San Nicolò) (S. 157/G1)
SP 83 Buggerru–Portixeddu, Tel. +39 0781 1896114, buggerru.com
GPS-Daten: 39.417222, 8.411667
Gebührenpflichtiger, schattenloser und terrassierter Stellplatz für ca. 20 Wohnmobile; keine Infrastruktur. Direkt zwischen SP 83 und Meer mit herrlichem Blick auf die Bucht von Portixeddu gelegen; Strandbar und Restaurant mit schöner Terrasse nur wenige Schritte entfernt. Der Platz wird ebenfalls von der Gemeinde Buggerru betrieben, V/E über den Stellplatz Buggerru Marina (ca. 4 km).

C 403 **Camping Ortus de Mari** (S. 157/G1)
Località Ortus de Mari, SP 83, 09010 Buggerru, Tel. +39 0781 54964
GPS-Daten: 39.440889, 8.423599
Persönlich und liebevoll vom Deutsch sprechenden Roberto geführter, ruhiger Campingplatz für ca. 50 Wohnmobile; komplette Infrastruktur mit kleiner Camping-Bar. Obere Stellplatz-Ebene rechts von der Einfahrt/Rezeption für große Mobile, untere Ebene mit Schattenplätzen, hinterer Bereich überwiegend für Zelte und kleine Mobile. Etwa einen Kilometer von der lang gezogenen Postkarten-Strandbucht von Portixeddu entfernt, dort gastronomische Angebote; guter Ausgangspunkt für Reit-Exkursionen und Ausflüge zum Capo Pecora.

C 404 **Camping Sciopadroxiu** (S. 154/C6)
Strada Ingurtosu–Piscinas km 2, 09031 Marina di Arbus, Mobil +39 340 5724310, campingsciopadroxiu.com
GPS-Daten: 39.525007, 8.472485
Naturbelassener, schattiger, am Hang gelegener Campingplatz an der Piste von Ingurtosu nach Piscinas; komplette Infrastruktur mit Fokus auf umweltbewussten Einsatz der Ressourcen (siehe ecolabel.eu); Fahrradverleih vor Ort; großes, rustikal-edles Restaurant auf dem Hügel mit Aussichtsterrasse. In der Hauptsaison betreibt der Campingplatz eine Beachbar am wunderschönen Piscinas-Strand.

S 405 **Stellplatz Spiaggia/ Dune di Piscinas** (S. 154/C6)
Via Bau, Loc. Piscinas-Ingurtosu, 09031 Arbus
GPS-Daten: 39.541864, 8.456051
Gebührenpflichtiger, einfacher und schattenloser Wohnmobilstellplatz (Zufahrt über den Pkw-Parkplatz); Basis-Infrastruktur vorhanden; in direkter Nachbarschaft befindet sich das Hotel Le Dune Piscinas. Aufgrund der Anbindung an den Pkw-Parkplatz für Tagesgäste und des sehr beliebten Strands kein Platz für Ruhesuchende, dafür in unmittelbarer Nähe zum wunderschönen, weitläufigen Sandstrand und den Dünen. Die ca. acht Kilometer lange Zufahrt von Ingurtosu führt zunächst auf asphaltierter Straße vorbei an den Relikten der Minenzeit und dann auf einem längeren Abschnitt über eine Rüttel- und Sand-

piste, die mit Vorsicht zu befahren ist.

C 406 **Camping S'Ena Arrubia** (S. 154/D3)
Strada 29 Ovest,
09092 Arborea,
Tel. +39 0783 809011,
senarrubia.com
GPS-Daten: 39.818260,
8.553628
Weitläufiger Campingplatz zwischen Lagune und Meer mit direktem Strandzugang und schattigem Baumbestand; komplette Infrastruktur (Sanitärbereiche renovierungsbedürftig) mit Restaurant, Minimarkt, großer Poolanlage, Lagunen-Beobachtungsplatz (Flamingos!). Insbesondere an Wochenenden ist der Platz bei Italienern sehr beliebt; im vorderen Bereich sind zahlreiche Mobilheime und Großzelte integriert. Der Strand ist sehr lang, leider mit Blick auf Fabrikanlagen und stillgelegte Gastronomieeinrichtungen in der Distanz.

C 407 **Camping Is Aruttas** (S. 154/C2)
Località Marina Is Aruttas,
09072 Cabras, Mobil
+39 320 0412128,
+39 379 1911810,
campingisaruttas.it
GPS-Daten: 39.948840,
8.408842
Auf der Halbinsel Sinis gelegener Campingplatz in Alleinlage mit naturbelassenen, teilweise beschatteten Stellplätzen; komplette Infrastruktur mit Restaurant, Minimarkt und Pool. Zum bekannten Reiskornstrand ca. 300 Meter Fußweg (dort leider aufgegebene Freizeit-, Strand- und Parkfläche). Wer sich auf Zeitreise begeben und den leicht morbiden Charme von 70er-Jahre-Campingplätzen mag, stößt hier auf einen sehr interessanten Mix aus mehr oder weniger bewohnten Langzeit-Campern, Mobilheimen und naturbelassenen Stellplätzen in erholungsunterstützender Digital-Detox-Umgebung.

C 408 **Camping S'Abba Druche** (S. 151/G4)
SP 49 Bosa–Alghero
km 38,8, 08013 Bosa,
Tel. +39 0785 776161,
abbadruche.it
GPS-Daten: 40.316355,
8.474071
Einladender Mehrstrand-Campingplatz in idyllischer Alleinlage an der Seepferdchenbucht; komplette Infrastruktur, jedoch mit kleinem, älterem Sanitärbereich. Rezeption, Minimarkt und V/E befinden sich gleich am Eingang, anschließend schmale, ca. 800 Meter lange Zufahrt zum Campingplatz. Schattenlose, zum Meer hin abschüssige Stellplätze; Ristorante und Pizzeria mit Genießer-Meerblick und sehr gepflegtem Bar- und Loungebereich. Die Strände werden auch von zahlenden Bade-Tagesgästen genutzt. Hinter dem Pkw-Areal naturbelassene Fleckchen mit Aussicht auf romantische Sonnenuntergänge.

Idyllische Lage: Camping S'Abba Druche

Marina und Stadtmauer Alghero – perfekt den Sonnenuntergang genießen

5

KNORRIGE EICHEN, HISTORISCHE STÄTTEN, SMARAGDGRÜNES MEER

Der Norden fasziniert auch jenseits der Costa Smeralda

Die sympathische Stadt Alghero, im 14. Jahrhundert von den Katalanen und ihrem Baustil geprägt, ist der Startpunkt für diese fabelhafte Nordroute. Felsen, Natur und Strände gibt es überall auf Sardinien, doch bereits die einzigartige Neptungrotte mit ihren mehr als 600 Stufen hinunter bis zum Meeresspiegel zeigt, welch atemberaubende Schönheiten der Norden bereithält. Auch der Postkarten-Strand beim Wachturm Torre della Pelosa nahe Stintino ist etwas ganz Besonderes, gilt er vielen doch als schönster Strand Sardiniens. Mit der Basilika San Gavino in Porto Torres und der Trinità di Saccargia wiederum schleichen sich gleich zwei geschichtsträchtige Kirchen in die Tour.

Malerisch schmiegt sich schließlich das kleine Castelsardo an den Felsen und ist doch mit dem dahinterliegenden Meer verbunden. Tempio Pausania und die Gallura empfangen die Sardinien-Reisenden mit Ruhe und Natur pur. Die fantasievollen Felsformationen am Capo Testa lassen Raum für Interpretationen und Fotokünstler. Und im bezaubernden Nationalpark La-Maddalena-Archipel locken die Inseln um La Maddalena mit türkisblauen Buchten, die denen der berühmten Costa Smeralda in nichts nachstehen. Ein Besuch in Olbia beendet die Tour und führt für viele direkt zurück auf die Fähre.

STADT AM MEER

Das heute 44 000 Einwohner zählende **Alghero** liegt offiziell noch an der Westküste. Die Stadt wurde 1102 von der genuesischen Familie Doria gegründet und gilt als Hauptstadt der Korallenküste, deren kostbare Bestände heutzutage glücklicherweise geschützt sind. Erbaut auf einem Felsvorsprung und wohlbehütet durch dicke Stadtmauern, sind gepflasterte Gassen und Plätze, beeindruckende Kirchen wie die Kathedrale Santa Maria und die zweisprachigen Straßenschilder stumme Zeugnisse der spanischen Herrschaft im 14. Jahrhundert. 1354 belagerte und eroberte Peter IV., König von Aragon, die Stadt, die dadurch katalanisch wurde. Genau diese Epoche macht die bis heute erhaltene Altstadt so sehenswert.

Die rund drei Kilometer lange Strandpromenade entlang der Via Lido führt direkt um die Bucht mit ihrem breiten Sandstrand bis ins Herz der schmucken Altstadt von Alghero. Um der zeitraubenden Parkplatzsuche entgegenzuwirken, ist der **Camping La Mariposa** erste Anlaufstelle, gelegen am anderen Ende der Bucht und dem Spiaggia del Lido di Alghero. Ausgestattet mit direktem Strandzugang sowie einem Tauch- und Wassersportcenter, kommen hier Wassersportler sofort auf ihre Kosten. Die nahe gelegene Beachbar verschönert die Wartezeit bis zum Sonnenuntergang. Der Radweg verläuft parallel zur Strandpromenade, zudem gibt es eine Bushaltestelle vor dem Campingplatz. Zum Abend öffnen die Stände mit Streetfood, sardischen Köstlichkeiten und Schmuck, sodass der Bummel zur Altstadt kurzweilig wird und zum Flanieren einlädt,

Alghero: abends in der Altstadt

ROUTE 5

START- UND ENDPUNKT
Alghero und Olbia

STRECKENLÄNGE
459 km plus Fährverbindung

FAHRZEIT
14 bis 18 Tage

Start Alghero
SS127 SP55 Altstadt Strandpromenade
23 km
Capo Caccia

Ausschilderung Hundestrand

SPECIAL

HUNDESTRAND AM CUTXOS BEACH

Hunde und Sardinien – das ist eine gespaltene Liebesbeziehung. Verstärkt halten zwar auch Italiener bzw. Sarden Hunde als Haustiere, aber trotzdem gibt es Gesetze, die verbieten, Hunde tagsüber mit an den Strand zu nehmen. Daher der Tipp: Auf der Strecke Alghero in Richtung Fertilia, an der strandnahen Viale I Maggio, ist am Cutxos Beach kurz vor dem Wasserpark explizit ein Hundestrand ausgeschildert.

während die Segelboote in der Marina im sanften Wellenrhythmus schaukeln. Wer das romantische Dinner im Sonnenuntergang einem schnellen Snack vorzieht, findet auf der Stadtmauer einige Lokale und viele weitere auf den einladenden Plätzen unter der hübschen, zwischen den Häusern und Fassaden gespannten Dekoration. Und so füllen sich allabendlich typisch italienisch die Straßen und Tische in den Restaurants, es wird gesellig gegessen und gelacht.

SPORTLICH UND SPEKTAKULÄR: GROTTA DI NETTUNO

Ausgeruht geht es am nächsten Tag über 650 Stufen an der Steilküste bis nach unten – und klar, nach der Besichtigung der Grotta di Nettuno auch wieder nach oben. Das Erlebnis der spektakulären Art wartet im Meeresschutzgebiet Capo Caccia und ist in knapp 23 Kilometern nach Brücke und Kreisel über die SS 127 – entlang der Oleander-

Allee und am Pinienwald vorbei – zu erreichen, dann über die SP 55. Ein »Panoramica Fotopoint« mit traumhaftem Blick über die Buchten auf beiden Seiten liegt auf einer Anhöhe, rund einen Kilometer vor dem Ende der Sackgasse, das gleichzeitig kleiner Parkplatz und Eingang zur Grotte ist. Daher parken viele Pkws und Wohnmobile einseitig entlang der Straße. Erst die Grottenbesichtigung mit Führung kostet Eintritt, der Zugang über die Treppen ist kostenlos und ab Mittag besonders schweißtreibend, da dann die Sonne gnadenlos den Weg bescheint. Wer also vormittags läuft, hat den Schatten zum Freund.

Alternativ bietet es sich – entspannt und daher bevorzugt – an, von Alghero eine Bootsfahrt zur Grotte zu unternehmen. So bleibt einem das mühsame Treppensteigen erspart. Die Grotte selbst verzaubert mit ihrem großen See, den zahlreichen Stalagmiten und Stalaktiten und ihrer beeindruckenden, weitläufigen Halle. Die geführte Runde dauert 45 Minuten.

Treppen Grotta di Nettuno

RAUS AUS DER HEKTIK, REIN INS HÜGELLAND

Der Nachmittag klingt nach diesem traumhaften Ausflug erholsam am Strand und im Camper aus, um am nächsten Morgen die Route Richtung Norden fortzusetzen. Weinliebhaber sollten dem weithin bekannten und bereits 1899 gegründeten **Weingut Sella & Mosca** einen Besuch abstatten. Es liegt rund zehn Minuten Fahrzeit von Alghero entfernt an der SP 42. Allein die Zufahrt ist wunderschön, die Weine versprechen einen wahren Trinkgenuss und sind dazu noch vielfach prämiert.

Raus aus Stadt und Hektik geht es anschließend am Abzweig links ab und weiter auf der SP 18. Hügel, Wiesen, Felder, kleine, wenn auch unscheinbare Dörfer sowie Schafe und Kühe auf Weideflächen begleiten den leicht kurvigen Weg durch die ursprüngliche Natur.

Ein Abstecher ab Palmadula zum westlich gelegenen **Argentiera** wird schon gleich nach dem Abzweig mit einem ersten Blick aufs bezaubernde Meer belohnt. In und um Argentiera ist an vielen Häusern und Bauten aus vergangenen Silberminen-Tagen die Zeit stehen geblieben, sie sind unbewohnt und baufällig. Zugegeben: Gerade das verleiht der Gegend mit ihren wunderschönen Stränden einen gewissen morbiden Charme. Beim genaueren Hinsehen wird die Szenerie jedoch wiederbelebt, Cafés und Bars halten Einzug und Reisemobi-

- **Capo Caccia**
- SP55 Grotta di Nettuno
- SS127 22 km
- SP42 Alghero
- 9 km
- SP18 Sella & Mosca
- 30 km
- **Argentiera**
- SP18 Silberminen Ruinen
- SP4 Pozzo San Nicolo
- SP57
- SP34 24 km
- **Stintino**

↑ Bucht bei Argentiera
↓ Spiaggia La Pelosa

listen werden die vordergründig abgelegene Gegend daher zu schätzen wissen.
Nach Kaffeepause oder abkühlendem Badespaß im erfrischenden Meer führt die Tagesetappe am Kreisel in Pozzo San Nicola abbiegend die SP 34 weiter nach Norden. Der Camperservice **La Pineta** rechter Hand ist der Übernachtungsplatz. Die Stellplätze im hinteren Bereich der Anlage sind ruhig, teilweise unter Bäumen angelegt. Interessant ist der mehrmals am Tag angebotene Shuttleservice zu den beliebten Stränden **Spiaggia delle Saline** sowie **Spiaggia La Pelosa**. Der komfortable Fahrservice erspart die Parkplatzsuche nebst Parkgebühren.

Stintino
Spiaggia delle Saline, Spiaggia della Pelosa
SP34 12 km
Torre della Pelosa
SP34
SP57 34 km
Porto Torres
Basilica San Gavino
SS131
SS291 24 km
Sassari

Wer mit dem Wohnmobil den nördlichen Zipfel rund um **Stintino** erkunden will, folgt einfach der SP 34. Auch hier begleiten Felder und Wiesen die Fahrt, rechts spitzt immer mal wieder das blaue Meer durch. Der Spiaggia delle Saline verfügt über einen großen Parkplatz, wie so oft ist das Freistehen über Nacht jedoch nicht erlaubt. Wer dem Schild »Panoramica« und somit der schmalen Einbahnstraße mit dem Fahrradweg folgt, kommt zum kleinen **Porto Turistico** in Stintino.

IST DAS HIER DIE KARIBIK?

Das Highlight wartet jedoch beim **Torre della Pelosa**, einem Wachturm aus dem 16. Jahrhundert. Türkisblaues Meer, das fast unwirklich scheint, feiner Sand mit bunten Sonnenschirmen, weiß leuchtende Jachten und Segelboote in der Ferne, die in den seichten Wellen hin und her wiegen: Alles wetteifert um den Superlativ der Begeisterung, das Urlaubs- und Karibikfeeling ist perfekt. Die auch hier als Einbahnstraße konzipierte Zufahrt führt an zahlreichen Pkw-Parkplätzen entlang, immer gespickt mit dem atemberaubenden Blick auf Strand, Turm und Meer.
Nach so viel Sonnen- und Strandgenuss stehen Städte und Kirchen auf dem Programm. Es geht zunächst in die Hafen- und Industriestadt **Porto Torres** – für manche Wohnmobilisten auch Fährhafen. Die Parkplätze in der Nähe sind zugleich guter Ausgangspunkt für einen Bummel durch die Gassen. Mit der Basilika **San Gavino** hält Porto Torres eine besondere Sehenswürdigkeit auf dem Monte Agellu bereit, einer ehemaligen römischen und paläochristlichen Nekropole. Die Kirche, benannt nach dem Nationalheiligen der Insel, ist von außen sehr schlicht gehalten, im Inneren sind beide Apsiden der 58 Meter langen, dreischiffigen Basilika je-

doch ungewöhnlich, da gleichförmig gestaltet. Die Krypta entstand übrigens erst nach dem eigentlichen Kirchenbau.

SASSARI ENTDECKEN

Die zweitgrößte Stadt Sardiniens zählt 128 000 Einwohner und liegt eingebettet in fruchtbares Land. **Sassari** beeindruckt rund um die Piazza d'Italia mit der Statue von Emanuele II, schönen Herrenhäusern und der Kathedrale **San Nicola di Bari** aus dem Jahr 1441. Die Kirche fällt durch ihre reich geschmückte Fassade und die unterschiedlichen Baustile auf. Erstmals erwähnt wurde sie als San Pietro di Silki im Jahr 1135. Archäologiefans besuchen sicherlich das Museo Nazionale Sanna, Botanikfreunde zieht es eher zum Parco di Monserrato. Die Straßen der Altstadt sind überwiegend im Schachbrettmuster angelegt, dies erleichtert die Orientierung. Die Durchfahrt durch die engen Gassen ist für Wohnmobile verständlicherweise nicht erlaubt, das Parken entlang der Ringstraße jedoch möglich.

UND WIEDER LOCKT DIE KÜSTE

Zahlreiche Olivenbäume säumen die Straßen im Norden Sardiniens auf der Weiterfahrt Richtung Castelsardo auf der SS 200. Vom am Hang erbauten Städchen **Sennori** gleitet der Blick nach links auf das in der Abendsonne glitzernde Meer. Langsam schraubt sich die Straße zu ihm hinunter, vorbei an fruchtbaren Feldern und blühenden Oleanderbüschen, die das Landschaftsbild immer wieder farbenfroh auflockern. Gummibäume überragen die Vorgärten – jede Zimmerpflanze dürfte da neidisch gucken!
Über Sorso und vorbei an Maritza und Tonnara bezaubert die Küstenstraße bis nach Castelsardo. Bei km 26 hüpfen kleine

↓ Im Hafen von Porto Torres
↘ Basilika in Porto Torres

Schaumkronen übers Wasser und zieren das blaue und türkisfarbene Meer vor Lu Bagnu. Dass dieser attraktive Küstenabschnitt auch von Hotels und Apartmentanlagen gesäumt ist, verwundert nicht. Doch dann kommt der sensationelle Ausblick auf die Marina und auf die dahinter liegende Stadt am Hang. **Castelsardo** fängt seine Besucher charmant mit seiner Festung und farbenfrohen Häusern ein. Die 1102 von der genuesischen Familie Doria erbaute Festung beherbergt heute das Museo dell'Intreccio Mediterraneo mit Informationen über das Korbflecht-Handwerk.

Sassari
Altstadt, Basilica di Saccargia
SS200
31 km
Castelsardo
Festung
SS200
5 km
SS134
Roccia dell'Elefante
SP90
10 km
Valledoria

↑ Piazza d' Italia, Sassari ↓ Basilika Santissima Trinità di Saccargia

Die Hauptstraße ist gut befahrbar, am gegenüberliegenden Ortsende bietet der große Busparkplatz (freitags erst nach dem offiziellen Markt ab 14 Uhr) auch Platz für Wohnmobile. Ein Bummel durch die touristisch gut erschlossenen Gassen verheißt viel Abwechslung. Die sich ständig ändernden Ausblicke auf Stadt oder Meer sowie der Besuch des Museums bieten ein kurzweiliges Vergnügen.

SANDSTRAND PUR

»Nach dem Strand« ist in Sardinien gleichbedeutend mit »vor dem Strand«. Und so heißt es nach all den Stadt- und Kirchenbesichtigungen wieder einmal, eine Auszeit zu genießen. Hervorragend dazu geeignet ist der **Camping Village La Foce** in Valledoria. Von Castelsardo führt die Straße von der Küste weg durch bewaldetes Gebiet über die SP 90 nach **Valledoria**. Wenn am Wegesrand plötzlich ein Elefant zu stehen scheint, ist dies der berühmte Elefantenfels, der

KULTUR

SANTISSIMA TRINITÀ DI SACCARGIA

In ihrer Schönheit einzigartig, erstrahlt die im Besitz des Kamaldulenserordens stehende Santissima Trinità di Saccargia zweifarbig und ist bereits von Weitem gut sichtbar. Kalksteinblöcke und dunkler Basalt wechseln sich an der Außenfassade gekonnt ab. Der beeindruckende Kirchenbau zieht auch im Inneren die Besucher in seinen Bann, unter anderem mit einem Fresko aus dem 12. Jahrhundert. Die Anfahrt erfolgt von Sassari über die SS 131, weiter am Abzweig Basilica/Z. I. Codrongianos über die SS 597.

Die Lage am Meer fasziniert: Castelsardo

Roccia dell'Elefante, eine etwa fünf Meter hohe Felsformation.
Der Campingplatz ist zweigeteilt: Restaurant, Schwimmbad, Kanuverleih, 6-Loch-Golfplatz sowie das weitläufige Gelände mit unterschiedlichen Stellplätzen sind auf der einen Seite des Flusses Coghinas, der hier nach rund 116 Flusskilometern in den Golf von Asinara mündet. Zur anderen Flussseite fährt mehrmals täglich das platzeigene Shuttleboot, das die Ruhe-, Strand- und Sonnesuchenden zur vorgelagerten Landzunge mit herrlichem Sandstrand bringt. Der lange Strand grenzt einerseits ans Flussufer und – für alle, die das offene Meer lieben – auf der anderen Seite direkt ans Meer. Das ruhige Flusswasser lädt zudem zum Stand-up-Paddling oder Kanufahren flussaufwärts ein; Kitesurfer haben direkt an der Flussmündung ihren Spaß.

DIE GALLURA FASZINIERT

Der Fluss Coghinas begleitet die Weiterfahrt von Valledoria Richtung Santa Maria, der Blick von der Anhöhe ins Flusstal ist bezaubernd. Wanderfreunde und Vogelliebhaber kommen hier auf ihre Kosten. Zwischen Viddalba und Santa Maria befinden sich die Thermalquellen von Casteldoria. Der Ausschilderung »Tempio« folgend, geht es von der Höhenstraße SP 92 vor Perfugas ab und auf die SS 672, weiter bis zum Übergang auf die SS 127 und gefühlt der Sommerfrische entgegen. Jetzt schraubt sich die Straße kurvenreich nach oben bis in die Stadt **Tempio Pausania**, die inmitten von Korkeichenwäldern liegt. Es ist geradezu ein Eintauchen in eine andere Welt.
Die Schatten spendende Allee nahe dem Parkplatz beim Parco Fonte Nuova empfängt die Besucher mit einer angenehmen Ruhe. Der Fußweg zur Altstadt und zur Touristeninformation führt an alten Steinhäusern und der Kathedrale St. Pietro vorbei.
Kork und Granit prägen die Stadt im Nordosten Sardiniens. Der **Monte Limbara** ist mit über 1362 Metern Höhe beliebt bei Entdeckungsfreudigen und bietet eine hervorragende Fernsicht in die Gallura. Eine Besonderheit ist der »Carrasciali Timpiesu«, der sechs Tage andauernde Karneval von Tempio. Weinliebhaber halten eher nach der Cantina Gallura (Via Val di Cossu, 9) Ausschau, hinter deren unscheinbarem Eingang für den Direktverkauf wie gewohnt ausgezeichnete, in Flaschen abgefüllte Tropfen wie der Vermentino di Gallura DOCG auf Kundschaft warten – oder ganz einfach die

Valledoria
SP33 Spiaggia di San Pietro
SP58 7 km
SP74 Santa Maria Coghinas
SP27 29 km
Tempio Pausania
SS133 Altstadt, Monte Limbara
SP70 Bassacutena
SP90 54 km
Santa Teresa Gallura
SP90 Torre di Longonsardo
Capo Testa
7 km
SS133 CP La Liccia
Porto Pozzo
Porto Pollo
28 km
Palau

Zapfsäulen für ebenso guten Tafelwein.
Der Nachmittag klingt aus mit der beruhigenden Atmosphäre der Korkeichenwälder, als ständig stumme Begleiter hübsch anzusehen in ihren einzigartigen Gebilden entlang der SS 133 Richtung Santa Teresa Gallura. Das Landschaftsbild wechselt, weiße Kühe und Felder sowie die Gallura-typischen Felsformationen bestimmen nun die Szenerie. Wer für diesen Tag genug gesehen hat, fährt über Rena Majore bis zum **Camping La Liccia**. Der terrassenförmig angelegte Platz liegt windgeschützt zur Landseite ausgerichtet. Zum Sandstrand sind es ein paar Hundert Meter den Hang hinunter, die sich jedoch lohnen.

FANTASIEREISE DURCH DAS FELSENMEER

Nach einer erholsamen Nacht und vielleicht sogar ein paar Bahnen im Schwimmbad steht der heutige Tag ganz im Zeichen spektakulärer Felsen. Die Kreativität bei ihrer Interpretation hat Hochkonjunktur auf der unter Naturschutz stehenden Halbinsel **Capo Testa**, die durch einen Damm mit dem Festland verbunden ist. Wind und Wetter standen als Architekten Pate – es scheint, als drängten sich die Felsen zum Kuscheln ganz eng aneinander. Die malerischen Gebilde stehlen den ebenso herrlichen wie zahlreichen Buchten mit Sandstränden und glasklarem Wasser wahrlich die Schau.
Während der Hauptsaison vom 1. Juni bis zum 30. September ist die Zufahrt ins schachbrettartig angelegte Zentrum von **Santa Teresa Gallura** für Wohnmobile allerdings gesperrt, sodass auch die Weiterfahrt zum Capo Testa unmöglich ist. Als Alternative bietet sich der »blaue« Busshuttle an, Abfahrt am Busbahnhof. Er ist erreichbar über den vor der Innenstadt liegenden Kreisel, hier biegt man rechts ab Richtung Imbarco Corsica und folgt weiter der Ausschilderung »Centro«. Die blau markierten Parkplätze entlang der Straße sind kostenpflichtig, aber idealer Ausgangspunkt, um vom links oberhalb liegenden Busbahnhof mit einem Tagesticket bis zum Capo Testa zu fahren. Entlang der Strecke gibt es einige Aus- beziehungsweise Zustiegsmöglichkeiten. Wer einen Tagesausflug plant, sollte auf jeden Fall Badesachen und Verpflegung einpacken.
Für alle, die die belebte Innenstadt besichtigen möchten, ist der Parkplatz ebenso geeignet. Mit Glück sind die Marktstände mit all den schmackhaften sardischen Leckereien noch geöffnet, dann lohnt sich bereits hier die Shoppingtour. Wer durch die Innenstadt zu Cafés und Restaurants, Boutiquen und der Touristinfo schlendert, sollte noch ein paar Schritte weiter Richtung **Torre di Longonsardo** bis zum Meer laufen. Immerhin reicht der Blick bei schönem Wetter durch die zwölf Kilometer schmale Meerenge bis zur Nachbarinsel Korsika. 1808 gründete Vittorio Emanuele I von Savoyen Santa Teresa Gallura. Die Namenspatin für die Umbenennung des früheren Ortes Longonsardo war seine Frau Maria Teresa.

ARCIPELAGO DI LA MADDALENA

Das klangvolle Nationalpark-Archipel umfasst über 60 Inseln. Um auf die Hauptinsel zu kommen, ist die tagsüber stündlich abfahrende Fähre erste Wahl. Von **Palau** sind es nur rund 15 Minuten Fahrzeit bis Maddalena, Tickets gibt es am Ende der Straße im gelben Haus bei der Tankstelle.

↑ Felsen Capo Testa ↗ Roccia dell'Elefante, eine beliebte Felsformation ↓ Tempio Pausania Kathedrale

Surferparadies Porto Pollo

SPECIAL

SURFERPARADIES PORTO POLLO

Ob Wind- oder Kitesurfer, es gibt ein Paradies auf Sardinien, das wohl jeder Surf-Fan kennt. Etliche Segel- und Surfschulen bieten ihre Dienste an. Große, kostenpflichtige Parkplätze lassen die Kapazitäten erahnen, die in der Saison rund um die Strände benötigt werden. Die Rede ist von Porto Pollo, auf der Strecke zwischen Santa Teresa Gallura und Palau gelegen, anfahrbar über die SS 133 und den Abzweig SP 98.

Bereits bei der Fährauffahrt blitzt das smaragdgrüne Wasser, aufgrund dessen die nun südlich liegende und direkt angrenzende **Costa Smeralda** zu Recht ihren Namen trägt. Diese Farbenpracht schafft es dann auch, dass sich das Gefühl einstellt, man könne sich nicht sattsehen am theatralisch anmutenden Zusammenspiel von Sand, Felsen, Wellen, blauem Himmel und den genialen Buchten. Und so empfiehlt es sich, im Nationalpark **La-Maddalena-Archipel** ein paar Tage zu verbringen, die Seele baumeln zu lassen und die landschaftlichen Schönheiten entspannt zu genießen. Der **Camping Abbatoggia** liegt etwas versteckt und ruhig mit direktem Zugang zu mehreren Badebuchten und ist auf der recht kleinen Insel mit ihrer Ringstraße idealer Ausgangspunkt für Erkundungstouren. Die Hauptinsel **Maddalena** mit ihrer kleinen Altstadt sowie verführerischen Geschäften und Restaurants ist an der Ostküste über eine Brücke mit der Insel **Caprera** verbunden. Dort lockt – neben weiteren unterschiedlichen wie beeindruckenden Felsformationen und einigen Wanderwegen – auch das interessante Garibaldi-Museum. In der Hochsaison wird großen, langen Wohnmobilen allerdings empfohlen, auf den Parkarealen der Picknickplätze gleich nach der Brücke zu parken. Für die weitere Erkundung von Caprera ist dann ein Roller bestens geeignet, mit dem Fahrrad wird es entsprechend anstrengender, alternativ fährt auch ein Kleinbus. Die Ausblicke von der Panoramastraße in Richtung Garibaldi Memorial auf die unterhalb liegenden Buchten und die Hauptinsel beeindrucken nach jeder Kurve mit einer neuen Perspektive, ein Sattsehen ist nahezu unmöglich.

KÜSTENFEELING VON PALAU BIS PORTO CERVO

Zurück auf dem Festland folgt die letzte Etappe dieser Tour: weg vom Fährhafen Palau, die nach rechts liegende Ausfahrt entlang, um am Ortseingang auf die oberhalb von Palau verlaufende Via Capo D'Orso zu kommen. Liebhaber von ungewöhnlichen Felsen folgen im weiteren Verlauf der SP 123 Richtung **Capo D'Orso**. Am Ende der Straße liegt ein kostenpflichtiger Parkplatz, ab da geht es zu Fuß nach oben zum **Bärenfelsen**, eine weitere bekannte Felsenformation.

Palau
Fährüberfahrt
La Maddalena
Nationalpark-Archipel
5 km
CP Abbatoggia
12 km
Caprera Garibaldi Museum
11 km
CP Abbatoggia
5 km
Fährüberfahrt Palau
SP13 7 km
SS162 Capo d'Orso Cannigione
SP59 24 km
Baja Sardinia

Fähre Palau–La Maddalena

Parco Nazionale dell'Arcipelago di La Maddalena

Alternativ und auch zur Fahrt in Richtung Süden und zur Costa Smeralda führt der Abzweig auf die SP 121 Richtung **Le Saline**. Immer wieder öffnen sich tolle Blicke auf herrliche Buchten und in der Sonne glitzernde Wellen – alles verströmt einen umwerfend bezaubernden Charme, der Sardinien zu seiner Beliebtheit verhalf. Beim Kreisel geht es über die SP 13 Richtung **Cannigione** und an zahlreichen kostenpflichtigen Strandparkplätzen vorbei, die teilweise jedoch mit Höhenbeschränkungen oder Schranken versehen sind. Die absolute Urlaubsregion ist erreicht, sie wird auch von den Italienern sehr geliebt. Die SP 162 führt an Weideland und Feldern entlang, die SP 59 strebt dem ersehnten Zwischenziel mit den Ortschaften **Baja Sardinia** und **Porto Cervo** entgegen.

Baja Sardinia
SP59 7 km
Porto Cervo
SP59 Yachthafen Costa Smeralda
SP94 Portisco Porto Rotondo
SP73
SS125 31 km
Olbia

AGA KHANS COSTA SMERALDA

Die Costa Smeralda fasziniert sicherlich jeden Reisenden. Sie verdankt ihren weit über die Inselgrenzen hinaus hallenden Ruf und Ruhm Aga Khan, der, durch seinen Lifestyle in den 1970er-Jahren berühmt geworden, den zugegeben landschaftlich wunderschönen Küstenabschnitt zu einem mondänen und teuren Pflaster ausbauen ließ. Noch immer ist dies erkennbar an zahlreichen Luxushotels, Jachthäfen und Nobelboutiquen, schwarzen Limousinen oder dem Billionaire's Club, gegründet von Flavio Briatore, bekannt vor allem als Formel-1-Teamchef. Welche Stars und Sternchen heute noch an den Küstenabschnitt kommen, ist nicht immer sichtbar, haben sich Hotel- und Apartmentanlagen doch gekonnt abgeschirmt.
Während einerseits die rein optischen Küsten-Highlights noch einmal zum Ab-

schiedsfeuerwerk aufwarten, neigt sich die Nordsardinientour dem Ende zu. Denn leider ist dieser Küstenabschnitt nicht wirklich wohnmobilfreundlich. In die Küstenorte, egal ob Porto Cervo, Cala di Volpe (SP 160) oder Porto Rotondo (SP 94), ist die Einfahrt für Wohnmobile verboten. Manch einer der weit außerhalb liegenden Parkplätze ist gefühlt doch etwas zu abseits gelegen.
Somit ist vielleicht der perfekte Zeitpunkt gekommen, zur Fähre nach Olbia weiterzufahren, die Rundreise Revue passieren zu lassen und auch gern zu vergleichen. Denn siehe da: Auf La Maddalena oder bei Stintino schimmert das Meer genauso schön türkis und smaragdgrün, die dortigen Strände wirken herrlich einladend, das Preis-Leistungs-Verhältnis passt, die Reisemobilisten

↑ Aga Khan hat die Costa Smeralda berühmt gemacht. ↓ Lecker, sardisch, ursprünglich: Viele Köstlichkeiten werden auf den Märkten feilgeboten.

sind willkommen und finden eine gute Infrastruktur vor. Wer oder was genau nun ausschlaggebend dafür ist, dass entlang der Costa Smeralda nur ein einziger Campingplatz geöffnet sowie ein Stellplatz mittlerweile wieder geschlossen hat – wer weiß das schon?
Für alle, die Sardiniens Osten noch nicht befahren haben, bietet sich nun die Erkundung der Ostküste an (Tour 1). Start ist am weitläufigen Sandstrand von La Cinta. Auch lockt die sardische Ursprünglichkeit im Inselinneren, beschrieben in Tour 3. Ab hier wird diese einfach in umgekehrter Reihenfolge befahren.

KULTUR

OLBIA, MEHR ALS NUR EIN FÄHRHAFEN

Die Ampel wechselt auf Grün, zig Touristen schlendern die Fußgängerzone des Corso Umberto entlang, welcher gesäumt ist von Cafés und Stores, dazwischen sardische Geschäftsleute, die ihren Alltag leben. Vom Hafen ist es nur ein Katzensprung an der links liegenden Touristeninformation vorbei in die Innenstadt. Ein Stadtplan zeigt, wo sich in Olbia auch Altertümliches versteckt.
Das alte, ursprüngliche Sardinien blickt auf das Nekropolenmuseum oder die Basilika San Simplicio, errichtet im 11./12. Jahrhundert. Und in einer Seitenstraße abseits des Hauptfußweges scheint der Massentourismus vorbei, der durch Kreuzfahrt- und Fährschiffe in die Hafenstadt Einzug hält – das Entdecken kann beginnen.

PRAKTISCHE HINWEISE

TOURISTINFORMATIONEN

Alghero
Via Cagliari 2, 07041 Alghero, Tel. +39 079 979054, algheroturismo.eu

Porto Torres
Basilica di San Gavino, Piazza Martiri Turritani, 07046 Porto Torres, Mobil +39 348 8996823, basilicasangavino.it

Castelsardo
Via Pietro Sassu 1, 07031 Castelsardo, Tel. +39 079 4780931, comune.castelsardo.ss.it

Tempio Pausania
Piazza Mercato 3, 07029 Tempio Pausania, Tel. +39 079 6390080, visit-tempio.it

Santa Teresa Gallura
Piazza Vittorio Emanuele I, 07028 Santa Teresa Gallura, Tel. +39 0789 754127, comunesantateresagallura.it

Palau
Piazza Fresi, 07020 Palau, Tel. +39 0789 707025, palauturismo.com

La Maddalena
Via XX Settembre 20, 07024 La Maddalena, Tel. +39 0789 736321, facebook.com/lamaddalena-turismo

Olbia
Piazza Terranova Pausania, 1, 07026 Olbia, Tel. +39 0789 52206, Mobil +39 334 9809802, helloolbia.com

STELL- UND CAMPINGPLÄTZE

C 500 **Camping La Mariposa** (S. 151/F2), Via Lido 22, 07041 Alghero, Tel. +39 079 950480, lamariposa.it
GPS-Daten: 40.579380, 8.311819
Kompakter, meist beschatteter Campingplatz mit ca. 250 Stellplätzen am Ortseingang von Alghero; komplette Infrastruktur mit Restaurant, Minimarkt, Surfschule, Boots-, Fahrrad- und Rollerverleih. Direkter Zugang zum abgegrenzten Strandabschnitt; straßenseitige Stellplätze mit erhöhter Geräuschkulisse, meerseitige Stellplätze mit Zaungast-Feeling. Idealer Platz für die Stadterkundung, ÖPNV-Anbindung direkt am Eingang; fußläufig entlang der Strandpromenade in ca. 30 Minuten ins Zentrum.

S 501 **Stellplatz La Pineta** (S. 148/B4)
SP 34 Pozzo San Nicola–La Pelosa km 22, 07040 Stintino, Mobil +39 347 0881433, stintinocamper.it
GPS-Daten: 40.869103, 8.236663
Stellplatz mit unscheinbarer, enger Zufahrt von der Landstraße; V/E, Strom, Dusche/WC (allerdings nur ein WC). Der Platz ist zweigeteilt in einen schattenlosen Bereich für ca. zwölf und einen dichten, baumbestandenen Bereich für ca. 30 Wohnmobile; angrenzendes Terrassen-Restaurant mit Bar und Pizzeria. Preiswerter, individuell vereinbarer Shuttleservice zu den beliebten Stränden von Le Saline und La Pelosa (sehr empfehlenswert aufgrund der dortigen Parkplatzknappheit).

C 502 **Camping Villagio La Foce** (S. 149/E3)
Via Ampurias 110, 07039 Valledoria, Tel. +39 079 582109, foce.it
GPS-Daten: 40.933413, 8.817624
Sehr weitläufige, baumbestandene Campinganlage mit Bungalows, Mobilheimen und ungezählten Wohnmobilstellplätzen am Ufer der Coghinas-Flussmündung in das Meer; komplette Infra-

↑ Camperservice La Pineta unter schattigen Bäumen
↗ Felsen auf Caprera

struktur mit Restaurant/Pizzeria, Bar, großer Poolanlage und zahlreichen Sport- und Freizeitangeboten vorhanden; mit kurzer und kostenfreier Fährüberfahrt zum vorgelagerten und feinen Sandstrand am Meer mit separatem Hundebereich.

C 503 Camping La Liccia (S. 149/H1)
SP 90 Rena Majore–S. Teresa Gallura km 59, 07028 Santa Teresa Gallura,
Tel. +39 0789 755190,
campinglaliccia.com
GPS-Daten: 41.181193, 9.179994
Engagiert geführter Campingplatz mit ca. 100 größtenteils schattigen Stellplätzen auf terrassiertem Gelände; komplette Infrastruktur mit Restaurant/Pizzeria, Minimarkt, sehr schönem Pool. Zum breiten Sandstrand 10 bis 20 Gehminuten (richtungsabhängig); ÖPNV-Anbindung, ca. fünf Kilometer bis Santa Teresa Gallura.

C 504 Camping Abbatoggia Village (S. 150/A2)
Località Abbatoggia, 07024 La Maddalena,
Tel. +39 0789 738044,
abbatoggiavillage.it
GPS-Daten: 41.253815, 9.404833 (Abzweig SP 91 Baia Trinità)
Auf der Insel La Maddalena gelegener, von mehreren Buchten und kleinen Inseln umgebener Campingplatz für ca. 50 Wohnmobile; komplette Infrastruktur mit Restaurant/Pizzeria, Bar. Schattenlose Stellplätze in unmittelbarer Strandnähe, weitere schöne Badestrände in kurzer Distanz. Zufahrt von der Panoramastraße ca. 800 Meter auf Schotterweg; ca. fünf Kilometer vom Hafenort La Maddalena entfernt. Sehr geeigneter Ausgangspunkt für Bootstouren, Inselerkundung und Besuch der Nachbarinsel Caprera mit Garibaldi-Museum.

C 505 Camping La Cinta
(S. 150/C6), Via del Tirreno, 08020 San Teodoro,
Tel. +39 0784 865777,
campingsanteodoro.com
GPS-Daten: 40.781687, 9.673844
Baumbestandener Campingplatz mit insgesamt 274 Stellplätzen auf Rasen/Sand mit direktem Zugang zum Strand; komplette Infrastruktur mit Minimarkt und Bar, beliebtes Restaurant direkt angrenzend; keine Hunde erlaubt; ideale Lage zwischen Lagune und Meer mit perfekten Voraussetzungen für Strandspaziergänger, Kitesurfer und Flamingo-Fans; sehr weitläufige Bucht mit weißem Sandstrand und prägnantem Blick auf den vorgelagerten Tavolara-Felsen; nicht nur als Sardinien-Einstieg nach Ankunft in Olbia geeignet, sondern auch als schöner Ausklang für Heimreisende via Olbia (25 km).

Urlaub an der Costa Smeralda

6

SARDINIEN IN 14 TAGEN – CAMPER-KINO VOM FEINSTEN

Rundtour entlang der Insel-Highlights

Diese beeindruckende Sardinien-Tour führt in einer auf vierzehn Tage komprimierten Rundfahrt zu herrlichen Buchten und an spektakulären Küstenstraßen entlang, zu sehenswerten Städten, geschichtsträchtigen Kulturdenkmälern und faszinierenden Naturschauspielen. Entgegen den in diesem Buch sonst üblichen Routenführungen auf Bundesstraßen und oftmals besonders hübschen, schmalen Landesstraßen sind hier bewusst, wenn zeitsparend möglich und sinnvoll, auch autobahnähnliche Schnellstraßen mit eingeplant, damit mehr Zeit für Besichtigungen vor Ort bleibt.

Wer die zugrunde gelegten vierzehn Tage Reisezeit auf der Insel einhalten möchte, für den ist am Vormittag frühes Losfahren zur nächsten Station Voraussetzung. Eingeplant ist hierbei auch, dass einzelne Etappen durchaus mehr Zeit beanspruchen, da das Fahren über Berge und auf Küstenstraßen gern mal länger dauert, als vermutet oder das Navigationsgerät dies angibt.

Die Tour startet aufgrund des oft angefahrenen Fährhafens in Olbia, ein Einstieg ist selbstverständlich auch von anderen Häfen wie Santa Teresa Gallura, Porto Torres oder Cagliari möglich. Ebenso können Teile dieser Route mit anderen Tourenvorschlägen gekoppelt werden. Was bleibt, sind faszinierende Eindrücke vieler Facetten der Insel und eine sicherlich unvergessliche Sardinienreise.

↑ La Maddalena: Badebucht, die zum Relaxen einlädt ↓ Camping Abbatoggia Village, La Maddalena

TAG 1: COSTA SMERALDA UND LA MADDALENA

Morgens nach dem Frühstück kommt die Nachtfähre aus Genua in Olbia an. Wohnmobilisten mit gebuchter Kabine starten nun gleich ausgeschlafen zu neuen Erlebnissen. Ein weiteres Plus für die kompakte Erkundung der Insel in 14 Tagen: Bereits dieser Tag steht vollständig für die erste, bezaubernde Etappe zur Verfügung und der Abend endet in einer der herrlichen türkisblauen Badebuchten auf La Maddalena.

Auf der SS 125 geht es raus aus Olbia und in Richtung der berühmten **Costa Smeralda**. Geliebt für ihr smaragdgrünes Wasser, bekannt für die Jachten und Hotelresorts der Reichen, die Villen auf den Hügeln, für schwarze Limousinen, Stars und Sternchen und für den Lifestyle, den Aga Khan in den 1970-ern nach Sardinien brachte. Die Küstenabschnitte, Sandstrände und Buchten begeistern, große Parkplätze davor lassen erahnen, was hier in der Hochsaison los ist. Porto Rotondo, Cala di Volpe und natürlich Porto Cervo mit seiner attraktiven Marina sind hübsch anzusehen. Doch leider bleibt

ROUTE 6

START- UND ENDPUNKT
Olbia

STRECKENLÄNGE
1038 km

FAHRZEIT
14 Tage

Start Olbia
SS125 Costa Smeralda
SP73
SP94
SP59 29 km
Porto Cervo
SP59 7 km
Baja Sadinia

Île Cavallo
Bocche di Bonifacio
Capo Testa
C 600
I. Maddalena
Santa Teresa di Gallura
La Maddalena
C 601
Golfo di Arzachena
Porto Cervo
Pta. Caprara o dello Scorno
I. Asinara
Arzachena
Golfo dell' Asinara
Trinita d'Agultu e Vignola
Aglientu
L. di Liscia
C. Figari
Golfo Aranci
C. del Falcone
S. Antonio
Stintino
S 602
Castelsardo
Tempio Pausania
Olbia
Golfo di Olbia
I. Tavolara
M. Limbara
1362
Telti
I. Molara
C. Coda di Cavallo
Pozzo S. Nicola
Porto Torres
Perfugas
Sorso
Martis
Monti
San Teodoro
Argentiera
Sassari
L. del Coghinas
Padru
C 613
Oschiri
Budoni
Ala dei Sardi
Posada
Pattada
Capo Caccia
Ittiri
Mores
Siniscola
Alghero
C 603
Ozieri
C. Comino
Thiesi
Bitti
Bultei
Benetutti
Bonorva
Montresta
Orosei
Cedrino
Orune
C 611
Temo
C. Marargiu
Tirso
Suni
Macomer
Nuoro
Cala Ganona
C 604
Bosa
C 610
Mamoiada
Cuglieri
Montiferru
Ottana
Sedilo
Golfo di Orosei
C 612
Orgosolo
M. Ferru
1050
906
Ghena Silana
C 609
S. Caterina di Pittinuri
Fonni
C. Mannu
Monti del Gennargentu
C. di M. Santu
Urzulei
Milis
Putzu Idu
Baunei
I. di Mal di Ventre
Tonara
Villanova Strisaili
Cabras
Arbatax
Meana Sardo
Flumendosa
Oristano
Tortoli
Laconi
Lanusei
Golfo di Oristano
Seui
Gairo
Bari Sardo
Ales
Arborea
Sadali
Capo d. Frasca
L. del Flumendosa
Barumini
Uras
Tertenia
Orroli
Collinas
Mandas
Villanova-franca
Escalaplano
Marina di Arbas
Lago Mulargia
Ballao
Arbus
Guspini
S. Andrea Frius
Ingurtosu
C. Pecora
Samassi
Armungia
C 608
C 605
Villacidro
S. Vito
Muravera
Buggerru
Monastir
Dolianova
Iglesias
S. Priamo
C 606
Decimomannu
P. Serpeddi
1067
C. Ferrato
Gonnesa
Uta
Quartu S. Elena
Portoscuso
Villamassargia
Castiadas
Carbonia
C 607
Cagliari
I. di S. Pietro
la Maddalena
Solanas
Villasimius
Calasetta
L. di M. Pranu
Capo Carbonara
Sarroch
Golfo di Cagliari
I. dei Cavoli
Sant' Antioco
Giba
I. di S. Antioco
Pto. Pino
Pula
Teulada
Capo Sperone
Golfo di Palmas
Chia
N
I. il Toro
C. Teulada
Golfo di Teulada
Capo Spartivento
0
15 km

Capo Testa

der Reisemobilist oft nur Zaungast. Die Einfahrten in die Küstenorte sind für Wohnmobile verboten, wer die Gassen und Boutiquen erkunden will, sollte irgendwo außerhalb parken und weiter mit dem Roller oder zu Fuß unterwegs sein.
Ganz bewusst endet deshalb diese Etappe auf der Insel **La Maddalena**, mit einem herrlich erfrischenden Bad im Meer direkt am Stellplatz. Dafür wartet in Palau das Fährschiff gleich mehrmals täglich, die Fahrkarten gibt es am Ende der Straße rechts im gelben Haus bei der Tankstelle. Auf der kurzen, viertelstündigen Überfahrt weht einem der Wind um die Nase, die sonnenverwöhnte Inselgruppe des »Parco Nazionale dell'Arcipelago di La Maddalena« erwartet seine Besucher. Auch hier begrüßt das in der Sonne smaragdgrün schimmernde, glasklare Wasser in herrlichen, von Felsen gesäumten Buchten seine Gäste und heißt alle Sardinien-Reisenden herzlich willkommen. Quirlig und geschäftig zeigt sich der Ort La Maddalena, die Weiterfahrt führt jedoch auf die gegenüberliegende Seite der Insel, zum Camping Abbatoggia, vorbei an hübschen Buchten und Stränden.

TAG 2: CAPO TESTA

Morgens noch mal baden in der campingplatzeigenen Bucht, ein kurzer Spaziergang auf den nächsten Hügel und danach geht es früh mit der Fähre in 15-minütiger Fahrt zurück aufs »Festland«. Die fast ringförmig angelegte Straße auf der kleinen Insel lässt die Wahl, ob nun rechts oder links herum, am Ende steht die Fähre nach **Palau**. **Santa Teresa Gallura** ist für den nächsten Stopp eingeplant. Selbstverständlich ist ein Besuch von Capo Testa mit seinen grandiosen Felsformationen ein Muss. In der Hochsaison ist die Zufahrt für Wohnmobile nicht erlaubt, deshalb fährt vom Busbahnhof ein Shuttlebus. Bei der Endstation auf **Capo Testa** ist dann auf jeden Fall Zeit für einen erholsamen Spaziergang, ein erfrischendes Bad

Baja Sadinia
SP59
SS162
SP13 24 km
Capo d'Orso
7 km
Palau
Fährüberfahrt La Maddalena
Nationalpark Archipel
Garibaldi Museum/ La Caprera
11 km
SS133 Fährüberfahrt Palau
26 km
Santa Teresa Gallura
SP90 Capo Testa
56 km
Valledoria
SP90 Roccia dell'Elefante
SS200 18 km
Castelsardo
SP90 Festung
Marina di Sorso
SS200 Bellisara
SP81
SP130
SP48
SP25 36 km
Porto Torres

↑ Castelsardo schmiegt sich an den Berg, das Meer im Rücken. ↙ Grotta di Nettuno ↘ Türkisblaues Meer: Spiaggia la Pelosa

und zig postkartengeeignete Fotos. Für die Übernachtung bietet sich der Camping La Liccia bei Rena Majore an.

TAG 3: CASTELSARDO UND TORRE DELLA PELOSA

Und schon ruft Castelsardo! Die sich hoch oben an den Felsen schmiegende Stadt bezaubert mit ihrer Lage am Meer, den bunten Häusern, den Gassen sowie der Festung, erbaut 1102 und heute Heimat des Korbflecht-Handwerks, zu sehen im Museo dell'Intreccio Mediterraneo. Vom Parkplatz am Ortseingang bietet der Fußweg in die Ortsmitte zugleich immer wieder hübsche Aussichtspunkte.
Entlang der Küste führt die Straße an **Porto Torres** vorbei, manch einer mag bei einem Zwischenstopp die **Basilika San Gavino**, benannt nach dem Nationalheiligen, besichtigen. Ziel des frühen Nachmittags ist jedoch der Campingplatz Area Sosta La Pineta nahe Stintino. Nach dem Einchecken und Einrichten ist hoffentlich noch eine Fahrt mit dem platzeigenen Shuttlebus zum sensationellen Strand mit sagenhaft türkisfarbenem Meer beim Wachturm **Torre della Pelosa** möglich. Ansonsten einfach das eigene Wohnmobil oder den Roller nutzen und Richtung Spiagga la Pelosa weiterfahren. Es lohnt sich!

TAG 4: GROTTA DI NETTUNO UND ALGHERO

Der frühe Reisende wird heute belohnt mit einer sensationellen Besichtigung der spektakulären **Neptungrotte**. Etwas Kondition ist hilfreich, es geht nämlich über 650 Stufen in Richtung Meeresspiegel und nach der Besichtigung der Grotte auch wieder nach oben. Die Höhlenführung ist nur mit Guide möglich. Etwas bequemer ist die Anreise übrigens per Ausflugsboot, am

Alghero, katalanisch geprägte Stadt am Meer

besten direkt von Alghero aus.
Bereits mittags nach dem Grotten-Ausflug sollte man sich beim Camping Mariposa ein Plätzchen sichern, bevor es nachmittags beziehungsweise abends mit dem Fahrrad oder an der Strandpromenade entlangschlendernd zur katalanisch geprägten Altstadt von **Alghero** geht. Mit Glück spiegelt sich der Sonnenuntergang über den Wellen bis in die Marina, die lebhafte, von einer mächtigen Stadtmauer umgebene Stadt zeigt zu jeder Tageszeit jedem Besucher ihr einladend freundliches Gesicht.

Porto Torres
SP34 Basilica San Gavino
SP57 Pozzo San Nicolo
20 km
Area Sosta La Pineta
Spiaggia delle Saline
Stintino
Le Pelosa
12 km
SP4 Spiaggia La Pelosa
SP18 Pozzo San Nicolo
SP69 Palmadula
SP55 59 km
Capo Caccia
SP55 Grotta di Nettuno
Maristella
SS127 22 km
CP La Mariposa
Alghero
SP105 Altstadt
SP49 Strandpromenade
SS129 48 km
Bosa

TAG 5: BOSA UND EIN STRAND ZUM VERLIEBEN

Hübsch, bunt und leicht schaukelnd bilden die Fischerboote auf dem Fluss Temo das Empfangskomitee in **Bosa**. Die Fußgängerbrücke beim Wohnmobil/Bus-Parkplatz (Via delle Conce/Via Spano) ist perfekt für einen Rundgang durch die bezaubernde Altstadt. Die Häuser recken sich gen Himmel, blühende Blumen in aus geöffneten Dosen hergestellten Übertöpfen hübschen an den Hauswänden hängend die schmalen,

Eintauchen in sardische Geschichte: Nuraghe Losa

schattigen Gassen auf. Wer möchte, läuft die Treppen hoch zum Castello Malaspina und genießt von oben den Blick in die Ferne. Die Cattedrale dell'Immacolata mit prunkvoll gestaltetem Innenraum, Altären und Chorgestühl empfängt die Besucher nahe der alten Brücke. Es geht geruhsam zu im Ort. Das darf am fünften Tag der Intensivtour durch Sardinien auch mal sein. Nach dem Stadtbummel führt die Fahrt nur sechs Kilometer zurück zum Camping S'Abba Druche, unvergleichlich genial an zwei herrlichen Buchten gelegen. Fernab der Straße steht dieser Nachmittag ganz im Zeichen von Faulenzen, Paddeln, Sonnenbaden, Lesen oder Schwimmen.

AUSFLUG

DER BERÜHMTE REISKORNSTRAND

Bei Sardinienfans sehr beliebt ist die Spiaggia di Is Arutas, der sogenannte Reiskornstrand an der Westküste der Penisola del Sinis. Das glatt geschliffene Quarzgestein steht mittlerweile unter Schutz und darf nicht mitgenommen werden, der Strand ist dennoch frei zugänglich. Der nahe gelegene Camping Is Aruttas bietet sich für eine Übernachtung an. Bei Zeit und Interesse an antiken Ausgrabungsstätten lohnt der Besuch der Ruinen des alten Handelshafens Tharros an der Spitze der Halbinsel.

TAG 6: NURAGHE LOSA, SANTA CRISTINA BIS PORTIXEDDU

Aus Bosa kommend ist die schnellste Verbindung in den Süden die Fahrt über die autobahnähnliche Schnellstraße SS 131, die überwiegend zweispurig die Insel durchschneidet. Direkt an der Strecke mit jeweils eigener Ausfahrt und guten Parkmöglichkeiten liegen zuerst die Nuraghe Losa und danach das Brunnenheiligtum Santa Cristina. Beide sind historische Ausgrabungsstätten. Die **Nuraghe Losa** geht auf die Zeit um 1000 v. Chr. zurück und ist sehr gut erhalten, sodass man die Strukturen der nuraghischen

Siedlung und den Aufbau der Nuraghe sehr gut erkennen kann. Das Brunnenheiligtum **Santa Cristina** begeistert Archäologen wie Besucher nicht zuletzt wegen der Steinbearbeitung und der trapezförmigen Öffnung mit nach unten führenden Stufen, erbaut Ende des 2. Jahrtausends v. Chr. Auf dem großzügigen Areal ist zudem eine nuraghische Siedlung zu besichtigen.

Nach diesem Ausflug zu einigen alten Schätzen der Insel führt die Route weiter durchs Landesinnere und durch die Ebene Campidano. Am Horizont zeichnen sich bereits Hügel ab. Die Panoramafahrt auf der sich immer weiter nach oben schraubenden Straße beginnt nach der Ortsdurchfahrt durch Guspini und erreicht im Bergdorf **Arbus** ihren Höhenpunkt. Für Wohnmobile gilt hier die Ausschilderung »Lkw/Busroute« für die Durchfahrt. Die Höhenlage bleibt erhalten und die spektakulären Aussichten in die Täler ändern sich ab jetzt mit jeder durchfahrenen Kurve. Auch der Blick zurück auf das in den Hang gebaute Arbus lohnt.

In Fluminimaggiore führt der Abzweig Richtung Portixeddu. Hier wartet der drei Kilometer lange, wunderbar flach ins Wasser abfallende Sandstrand, der zudem mit einem atemberaubenden Sonnenuntergang überraschen kann. Zur Wahl für die Übernachtung stehen der inhabergeführte Camping Ortus di Mari, etwas abseits vom Meer idyllisch in einem Waldstück gelegen, oder der treppenförmig angelegte Stellplatz San Nicolò direkt am Ende des Sandstrands Richtung Buggerru. In **Portixeddu**, mit einem grandiosen Meer- und Strandblick über die Bucht, klingt dann der Abend gemütlich aus.

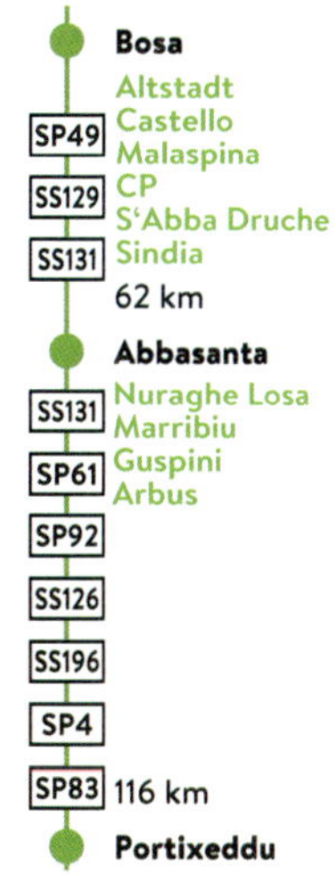

TAG 7: KÜSTENSTRASSE PUR, PORTO FLAVIA UND CAGLIARI

Die heutige Küsten-Panoramastraße, vorbei an Buggerru bis nach Masua und im Anschluss weiter bis Nebida, ist bereits ein Highlight, das seinesgleichen sucht. Getoppt wird das Ganze durch den Besuch von

Brunnenheiligtum Santa Cristina

↑ Eingang Porto Flavia, der Hafen im Berg
↙ Prägnant: Pan di Zucchero ↘ Kathedrale Santa Maria in Cagliari

Bastion Saint Remy in Cagliari

Porto Flavia und den herrlichen Ausblick auf den Felsen Pan di Zucchero. Wie der Name verrät, handelt es sich bei Porto Flavia zwar um einen Hafen, jedoch um keine klassische Marina. Es ist sozusagen ein Hafen im Berg, 1924 nach einer cleveren Idee des Ingenieurs Cesare Vecelli erbaut für den benötigten, schnellen Abtransport des Gesteins aus den nahen Bergwerken.

Die ersten 600 Meter sind vergleichbar mit der Einfahrt in ein Bergwerk, danach öffnen sich mehrere nach unten ausgerichtete Lagerschächte, bis am Ende des Tunnels die Bergöffnung kommt. Die Anlage diente als hoch gelegener Hafen und die großen Schiffe wurden direkt von dort beladen. Oben öffnet sich gleichzeitig ein genialer Blick auf den berühmten »Pan di Zucchero«.

Die Museumsanlage ist mehrmals täglich per Führung zu besichtigen. Die Anfahrt erfolgt über den Abzweig Masua, vorbei an einem Stellplatz, auf den letzten Kilometern über eine Schotterpiste. Der Parkplatz direkt am Eingang ist eher für Pkws geeignet, daher ist es ratsam, mit dem Wohnmobil vor der Brücke zu parken.

Nach dieser beeindruckenden Besichtigung geht die Küsten-Panoramafahrt des heutigen Tages in die zweite Etappe, in **Nebida** gern für den Spaziergang entlang des Panoramarundwegs unterbrochen. Der rechts der Straße erkennbare Parkplatz am Ortsausgang ist Ein- und Ausstieg in den Spazierweg, der atemberaubende Ausblicke garantiert.

Ab jetzt wird noch mal Strecke gemacht, ab der Bergarbeiterstadt **Iglesias** ist die Schnellstraße SS 130 erste Wahl, um auf direktem Weg nach Cagliari zu kommen. Soweit die Füße tragen, ist vom Stellplatz aus sicherlich noch ein abendlicher Stadtbummel drin.

TAG 8: CAGLIARI UND COSTA REI

Schön ist es, das Frühstück in der Innenstadt zu genießen, vielleicht sogar mit dem tollen Blick auf die große Freitreppe der Bastion Saint Remy, im klassizistischen Stil Anfang des 20. Jahrhunderts als Aussichtsterrasse erbaut. Sehenswert und interessant sind natürlich auch die von der oberen Plattform der Bastion erreichbare Kathedrale Santa Maria di Castello in der Oberstadt sowie die sie umgebenden engen Gassen der Altstadt, hier »Casteddu« genannt. Bautechnisch mag es fast eine Sünde sein, historisch betrachtet ist die Kathedrale jedoch ein wahres Schmuckkästchen, vereinen sich hier doch die unterschiedlichsten Baustile, von pisanisch, gotisch, römisch bis hin zu mittelalterlich und barock. Der Innenraum ist reich geschmückt und mit zahlreichen Altären ausgestattet, die Fassade trägt ihre pisanischen Wurzeln als Nachbau gern nach außen. Typisch italienisch geht es zu auf der Piazza

Portixeddu
- Bucht Portixeddu
- SP83 San Nicolo
- Buggeru
- Küstenpanoramastraße
- Masua
- Nebida
- Panoramarundweg
- 25 km

Porto Flavia
- SP83 Bergwerksmuseum
- SS126 Pan di Zucchero
- Fontanamare
- SS130 Monteponi
- Is Arenas
- SP8
- SS131 79 km

Cagliari
- SP17 Altstadt
- Castello
- Cattedrale
- Bastione di Saint Remy
- SS554 Quartu
- Sant'Elena
- SS125 Capitana
- Olia Speciosa
- SP97 63 km
- Costa Rei

Capo Ferrato

Supramonte-Massiv erleben per Jeep- und Wander-Exkursion

Jenne (Yenne), die sich unterhalb und daher auf dem Weg hinter der dicken Stadtmauer befindet. Zuvor ist der Stopp am Torre dell'Elefante und an der Bastione del Balice mit einer hervorragenden Aussicht über die Stadt, den Hafen und die Bucht noch Pflichtprogramm. Ebenso einladend sind die Cafés und Restaurants in den Kolonnaden der Via Roma nahe der Marina. Ach ja, Shoppingfreunde kommen in der Via Giuseppe Garibaldi nahe der Bastion Saint Remy sowie in der Via Alghero auf ihre Kosten.

Capo Ferrato
SP97 Jerzu
Bari Sardo
SS125 Lotzorai
Urzulei
SS125
SP56
SP37
SS125 132 km
Passo Ghenna Silana
SS125 24 km
SP26 Gola di Gorropu
Gennargentu
Cala Gonone
Golfo di Orosei
Bue Marino
SP26 Cala Luna
Cala Goloritze
SS125 17 km
Dorgali

Danach heißt es wieder raus aus der Stadt und hin zu den Küstenschönheiten der Insel. Eine weitere reizvolle Panoramastraße wartet. Zugegeben, die Ausfahrt aus Cagliari Richtung Westen ist mal so, mal so. Die Saline di Quartu beherbergt wahrscheinlich ein paar für Sardinien typische Flamingos, die scharrend im Wasser nach Nahrung suchen. Bis Solanas folgen dann noch Hotelkomplexe und Anlagen, doch danach wird es auf der SP 17 für Fans von freier

AUSFLUG

CANNONAU DI SARDEGNA

Tiefrot und kräftig, so präsentiert sich der sardische Rotwein Cannonau di Sardegna. Die »Città del Vino«, also seine Weinstadt, liegt in Jerzu, dessen Altstadt äußerst steil hoch oben an den Felsen und damit über den fruchtbaren Tälern mit Weinreben und Olivenbäumen zu kleben scheint. Die Ausblicke bei An- und Abfahrt sind von unten wie von oben einfach grandios. Links am Ortseingang vertreibt die Enoteca der Genossenschaft neben den in Flaschen abgefüllten und teils prämierten Weinen auch den günstigen Vino da Tavola über die Weintankstelle.

Sicht wieder richtig spannend. Der Aussichtspunkt Bellavista vor Villaggio Mandorli, direkt in der Kurve gelegen, eignet sich für einen Stopp. Aussteigen, die Küstenabschnitte und tief liegenden Buchten sowie das im Sonnenlicht glitzernde Meer von allen Seiten bewundern, fotografieren und die einzigartige Naturlandschaft verinnerlichen, all dies ist hier möglich.

An Villasimius vorbei wechselt die Route die Richtung und auf der SP 18 begrüßt nun der südlichste Teil der Westküste die Wohnmobilcrew mit ihren bekannten Sandstränden der **Costa Rei**. Das türkisfarbene Wasser fasziniert hier ebenso wie bereits im Norden Sardiniens. Die Beliebtheit dieser Region ist gut erkennbar an Ferienhaussiedlungen, Pizzerien, Cafés und Beachbars entlang der Straße. Wer einen Stellplatz auf dem Village Capo Ferrato bezogen hat und mit Badezeug und Handtuch durch das Tor zum Strand läuft, weiß genau, warum diese Region jährlich weitere Liebhaber gewinnt.

TAG 9: SUPRAMONTE-MASSIV

Das erste Teilstück ist etwas langweilig, doch die Belohnung folgt sofort. Ciao Costa Rei, ciao Sandstrand und auf schnellstem Wege entlang der SS 125 Richtung Norden. Die karge Landschaft des **Salto di Quirra** mit seinen kahlen Felsen im Militärgebiet ist bald durchfahren. Danach grüßt der Landstrich **Ogliastra** mit Orangen- und Olivenbäumen sowie den immer wieder hübsch anzusehenden blühenden Kakteen.

Zuerst bis zum Bergdorf **Baunei** und immer weiter die SS 125 entlang schraubt sich die Straße in die Berge. Und wie könnte es anders sein, das Panorama ist erneut berauschend. Der Parkplatz bei km 159 ist für einen letzten Blick auf die Bucht und die Landzunge Bellavista bei Arbatax der geeignete Stopp, bevor ab sofort die Berge in ihren Bann ziehen. Vor **Urzulei** grasen Ziegen, Schafe und Kühe auf den Weideflächen der Hochebene. Bei einer Rast und dem Hineinhorchen in die besondere Stille der Natur sind die unterschiedlichen Glöckchen der Tiere zu hören. Die jederzeit gut befahrbare Panoramastraße hat ihren Scheitelpunkt auf 1017 Metern bei der Passhöhe **Genna Silana**. Um die majestätische Aura der Berge länger zu genießen, ist der Stellplatz Silana-Pass der perfekte Ort zum Ruhetanken oder Wandern.

TAG 10: GOLA DI GORROPU UND GOLFO DI OROSEI

Ein Aufwachen in den Bergen ist immer wieder ein einzigartiges und erfüllendes Erlebnis. Und es soll so weitergehen, vorausgesetzt, Kondition und Gelenke machen mit. Die spektakuläre Schlucht **Gola di Gorropu** wartet. Es gibt mehrere Möglichkeiten, sie zu erwandern. Beispielsweise kräftezehrend direkt von der Passhöhe hinunter in die

Strand-Camping Capo Ferrato

Schlucht, in Summe also einen Tagesausflug wert. Etwas bequemer, aber immer noch abenteuerlich klingt da das Angebot des Besucher- und Informationszentrums Campo Base Gorropu bei km 191. Buchbar ist hier die Kombination aus Jeepfahrt ins Tal und einer rund drei Kilometer langen Wanderung bis zum Schluchteingang. Die rund 1,5 Kilometer lange Schlucht ist in drei Schwierigkeitsgrade unterteilt, konzentriertes Klettern über die Felsformationen ist in jedem Fall angesagt. In die Gesamtzeit von rund vier bis fünf Stunden ist auch die Wanderung zurück zum Treffpunkt sowie die Jeepfahrt nach oben zum Ausgangspunkt einkalkuliert. Toll anzuschauen ist für alle anderen die Schlucht von oben, vom Besucherzentrum geht es immerhin über 400 Meter hinab.

Das Alternativprogramm des Tages bildet die bei Dorgali liegende **Grotta di Ispinigoli** – ein sehenswertes Ausflugsziel für alle Höhlenfans. Der Weg vom Parkplatz bis zum unscheinbaren Eingang führt über Treppen nach oben. Das Innere, in einer halbstündigen Führung zu besichtigen, beeindruckt mit Stalagmiten, einer knapp 38 Meter hohen Tropfsteinsäule und der rund 40 Meter tief abfallenden Höhle.

Die letzte Tagesetappe führt durch den Tunnel, um danach die Serpentinen runter in die Bucht des beliebten **Golfo di Orosei** nach **Cala Gonone** zu fahren. Hier endet der Abend im Camping Car Palmasera.

Gola di Gorroppu – Ein Erlebnis der besonderen Art

TAG 11: GOLFO DI OROSEI

Wassersportbegeisterte sind am Golfo di Orosei in ihrem Element, egal ob mit dem eigenen Schlauchboot, dem geliehenen Motorboot, auf dem SUP paddelnd oder organisiert mit der nachmittäglichen oder ganztägigen Bootstour. Dieser Teil des **Nationalparks Gennargentu** (Parco Nazionale del Golfo di Orosei-Gennargentu) beeindruckt mit seiner Steilküste, den traumhaften Buchten und Grotten. Klanghafte Namen wie Cala Luna, Cala Goloritze oder Bue Marino lassen die Herzen vieler Urlauber höherschlagen. Übrigens, einige Buchten sind über teils mehrstündige Wanderungen ebenso erreichbar, eine Straße zum Ziel gibt es hingegen nicht.

Der Agriturismo S'Ozzastru nahe Dorgali ist für die Übernachtung vorgesehen. Das liebevoll ausgestattete und dekorierte Kleinod, zwischen Meer und Bergen gelegen, überzeugt mit Ruhe, einer wunderschönen Poolanlage mit Blick ins Tal sowie einem exzellenten Frühstück mit regionalen, sardischen Produkten.

Steilfelsen und Grotte Bue Marino Golfo di Orosei

TAG 12: SUPRAMONTE-MASSIV UND ORGOSOLO

Imponierende Bergpanoramen und das ursprüngliche Landesinnere haben diese Etappe der abwechslungsreichen Sardinien-Route fest im Griff. Früher als Banditen-Nest bezeichnet, ist **Orgosolo** noch immer bekannt für seine »Murales«: Die Wandmalereien an den Häusern sind die Hauptattraktion des Ortes. ScopriOrgosolo an der Piazza Caduti in Guerra verleiht einen Audioguide, der inklusive einer Karte den Rundgang durch die Straßen in deutscher Sprache beschreibt. Er erklärt die Bedeutung und die Hintergründe der teilweise sozialkritischen Freiluft-Malereien sehr verständlich.

Doch Orgosolo hat noch viel mehr zu bieten. Das die Stadt überragende Supramonte-Massiv ist mindestens ebenso beeindruckend wie interessant. Bei einer geführten Wanderung, kombiniert mit einer Jeeptour durch die unberührte Natur (markierte Wanderwege gibt es nicht), scheint die Zeit stillzustehen. Abgerundet wird dieser Ausflug ins ursprüngliche Sardinien mit einem typisch sardischen Mittagessen bei Gino auf dem Camping Supramonte. Bei Interesse bitte Tour und Essen vorab reservieren.

TAG 13: NUORO UND LA CINTA, SAN TEODORO

Dorgali
SS125 Agriturismo S'Ozzastru
SP38 Grotta di Ispinogoli
SS129 Oliena
SP51
SP58 47 km
Orgosolo
Murales Supramonte
SP58 20 km
Nuoro
SS389 Istituto Etnigrafico della
SS131 Sardegna Siniscola
SS125 82 km
San Teodoro
Spiaggia La Cinta Tavolara
SS125 25 km
Olbia

Kultur und Traditionen, Geschichte, Archäologie und sardisches Leben präsentiert das Museum **Istituto Etnografico della Sardegna** in Nuoro (Via A. Mereu 56, montags geschlossen). Das kulturelle Erbe der Insel ist hier komprimiert und informativ dargestellt. Individuell mit deutschsprachigem Audioguide kann das 2015 modernisierte Museum besichtigt werden. Neben Trachten, Schmuck sowie Musikinstrumenten wie die Hirtenflöte Launedda sind auch Karnevalskostüme und typisch sardische Masken zu

Traditionelle sardische Köstlichkeiten

sehen. Darüber hinaus wird die ursprüngliche Lebensart der Sarden anschaulich erläutert.
Der letzte Abend dieser eindrucksvollen und vielfältigen Reise klingt aus auf dem Camping La Cinta bei **San Teodoro** und der Laguna. Der gleichnamige kilometerlange, flach abfallende Sandstrand ist zu jeder Jahreszeit eine Augenweide und bestens geeignet für lange Strandspaziergänge mit Blick auf das Punta-Gebirge und Tavolara-Felsmassiv. Das Restaurant direkt bei der Einfahrt ist bekannt und beliebt für köstliche Fischgerichte und bietet für das Urlaubsende den idealen Rahmen.

TAG 14: OLBIA UND HEIMREISE

Der letzte Strandspaziergang ist gekommen und es ist Zeit, die zurückliegenden Tage und Eindrücke vorbeiziehen zu lassen, verbunden mit einem weiten Blick auf den markanten Felsrücken der vorgelagerten Tavolara-Insel. Nochmals tief die Meeresluft einatmen … dann heißt es – leider – Abschied nehmen vom zauberhaften Sardinien. Nach nur 25 Kilometern auf der SS 125 wartet die Fähre in Olbia. Wer vor der Heimreise noch Zeit hat, erkundet bei einem Bummel durch die Gassen die lebhafte Hafenstadt. Einen Besuch wert ist etwa die romanische Kirche San Simplicio, der brunnenbestückte Stadtplatz Piazza Matteotti oder die palmengesäumte Küstenpromenade.

Murales in Orgosolo

↑ Warten auf die Fährabfahrt in Olbia ↓ Die vorgelagerte Isla Tavolara und der Strand La Cinta

PRAKTISCHE HINWEISE

TOURISTINFORMATIONEN

Olbia
Piazza Terranova Pausania, 1, 07026 Olbia,
Tel. +39 0789 52206,
Mobil +39 334 9809802,
helloolbia.com

Alghero
Ex Casa del Caffè (Via Cagliari 2), 07041 Alghero,
Tel. +39 079 979054,
algheroturismo.eu

Iglesias
Piazza del Municipio 1, 09016 Iglesias,
Mobil +39 781 274507,
visitiglesias.comune.iglesias.ca.it

Cagliari
Via Roma 145 (Palazzo Civico), 09124 Cagliari,
Tel. +39 070 6778173,
Mobil +39 338 6498498,
cagliariturismo.it

Cala Gonone
Viale Bue Marino 1 a,
08022 Cala Gonone,
Tel. +39 0784 93696,
calagononeonline.com

Orgosolo
ScopriOrgosolo Audioguide Murales, Piazza Caduti in guerra, 08027 Orgosolo,
Mobil +39 348 5611704, Facebook: facebook.com/ScopriOrgosolo

Nuoro
Piazza Italia 19, 08100 Nuoro,
Tel. +39 0784 30083,
Mobil +39 393 0060100,
visitnuoro.com

STELL- UND CAMPINGPLÄTZE

C 600 **Camping Abbatoggia Village** (S. 150/A2)
Località Abbatoggia,
07024 La Maddalena,
Tel. +39 0789 738044,
abbatoggiavillage.it
GPS-Daten: 41.253871, 9.404887 (Abzweig SP 91 Baia Trinità)
Auf der Insel La Maddalena gelegener, von mehreren Buchten und kleinen Inseln umgebener Campingplatz für ca. 50 Wohnmobile; komplette Infrastruktur mit Restaurant/Pizzeria, Bar. Schattenlose Stellplätze in unmittelbarer Strandnähe, weitere schöne Badestrände in kurzer Distanz. Zufahrt von der Panoramastraße ca. 800 Meter auf Schotterweg; ca. fünf Kilometer vom Hafenort La Maddalena ent-

Traumhafte Sonnenuntergänge – das Privileg der Westküste

fernt. Sehr geeigneter Ausgangspunkt für Bootstouren, Inselerkundung und Besuch der Nachbarinsel Caprera mit Garibaldi-Museum.

C 601 **Camping La Liccia** (S. 149/H1)
SP 90 Rena Majore–Santa Teresa Gallura km 59, 07028 Santa Teresa Gallura,
Tel. +39 0789 755190,
campinglaliccia.com
GPS-Daten: 41.181161, 9.179918
Engagiert geführter Campingplatz mit ca. 100 größtenteils schattigen Stellplätzen auf terrassiertem Gelände; komplette Infrastruktur mit Restaurant/Pizzeria, Minimarkt, sehr schönem Pool. Zum breiten Sandstrand 10 bis 20 Gehminuten (richtungsabhängig); ÖPNV-Anbindung, ca. fünf Kilometer bis Santa Teresa Gallura.

S 602 **Stellplatz La Pineta** (S. 148/B4)
SP 34 Pozzo San Nicola–La Pelosa km 22, 07040 Stintino, Mobil +39 347 0881433,
stintinocamper.it
GPS-Daten: 40.868611, 8.236111
Stellplatz mit unscheinbarer, enger Zufahrt von der Landstraße; V/E, Strom, Dusche/WC (allerdings nur ein WC). Der Platz ist zweigeteilt in einen schattenlosen Bereich für ca. zwölf und einen dichten, baumbestandenen Bereich für ca. 30 Wohnmobile; angrenzendes Terrassen-Restaurant mit Bar und Pizzeria. Preiswerter, individuell vereinbarer Shuttleservice zu den beliebten Stränden von Le Saline und La Pelosa (sehr empfehlenswert aufgrund der dortigen Parkplatzknappheit).

Im Mai kann es noch frisch sein, doch die Sonne entschädigt und lädt zu sportlichenAktivitäten ein.

C 603 **Camping La Mariposa** (S. 151/F2)
Via Lido 22, 07041 Alghero,
Tel. +39 079 950480,
lamariposa.it
GPS-Daten: 40.579404, 8.311659
Kompakter, größtenteils beschatteter Campingplatz mit ca. 250 Stellplätzen am Ortseingang von Alghero; komplette Infrastruktur mit Restaurant, Minimarkt, Surfschule, Boots-, Fahrrad- und Rollerverleih. Direkter Zugang zum abgegrenzten Strandabschnitt; straßenseitige Stellplätze mit erhöhter Geräuschkulisse, meerseitige mit Zaungast-Feeling. Idealer Platz für die Stadterkundung, ÖPNV-Anbindung direkt am Eingang; fußläufig entlang der Strandpromenade in ca. 30 Minuten ins Zentrum.

C 604 **Camping S'Abba Druche** (S. 151/G4)
SP 49 Bosa–Alghero km 38,8, 08013 Bosa ,
Tel. +39 0785 776161,
abbadruche.it
GPS-Daten: 40.316421, 8.474093
Einladender Mehrstrand-Campingplatz in idyllischer Alleinlage an der Seepferdchenbucht; komplette Infrastruktur, jedoch mit kleinem, älterem Sanitärbereich; Rezeption, Minimarkt und V/E befinden sich gleich am Eingang, anschließend schmale, ca. 800 Meter lange Zufahrt zum Campingplatz; schattenlose, zum Meer hin abschüssige Stellplätze. Ristorante und Pizzeria mit Genießer-Meerblick und sehr gepflegtem Bar- und Loungebereich. Die Strände werden auch von zahlenden Bade-Tagesgästen genutzt;

Freisteh-Fans finden hinter dem Pkw-Areal naturbelassene Fleckchen mit Aussicht auf romantische Sonnenuntergänge.

C 605 **Camping Ortus de Mari** (S. 157/G1)
Località Ortus de Mari, SP 83, 09010 Buggerru,
Tel. +39 0781 54964
GPS-Daten: 39.440939, 8.423374
Persönlich und liebevoll vom Deutsch sprechenden Roberto geführter, ruhiger Campingplatz für ca. 50 Wohnmobile; komplette Infrastruktur mit kleiner Camping-Bar. Obere Stellplatz-Ebene rechts von der Einfahrt/Rezeption für große Mobile geeignet; untere Ebene mit Schattenplätzen, im hinteren Bereich überwiegend für Zelte und kleine Mobile. Etwa einen Kilometer von der lang gezogenen Postkarten-Strandbucht von Portixeddu entfernt, dort gastronomische Angebote. Guter Ausgangspunkt für Reit-Exkursionen und Ausflüge zum Capo Pecora.

S 606 **Stellplatz Buggerru (San Nicolò)** (S. 157/G1)
SP 83 Buggerru–Portixeddu,
Tel. +39 0781 1896114,
buggerru.com
GPS-Daten: 39.402656, 8.402526
Gebührenpflichtiger, schattenloser und terrassierter Stellplatz für ca. 20 Wohnmobile; keine Infrastruktur. Direkt zwischen SP 83 und Meer mit herrlichem Blick auf die Bucht von Portixeddu gelegen; Strandbar und Restaurant mit schöner Terrasse nur wenige Schritte entfernt. Der Platz wird ebenfalls von der Gemeinde Buggerru betrieben, V/E über den Stellplatz Buggerru Marina (ca. 4 km).

S 607 **Camper Cagliari Park** (S. 158/D3)
Via Stanislao Caboni 13, 09125 Cagliari, Tel. +39 070 303147, Mobil +39 329 6713141,
campercagliaripark.it
GPS-Daten: 39.210373, 9.128103
Schatten- und liebloser Parkplatz für ca. 30 bis 40 sehr eng abzustellende Wohnmobile, je nach Anweisung; V/E, erneuerungsbedürftiger kleiner Sanitärcontainer. In einem Wohngebiet und ca. 30 Gehminuten vom Stadtzentrum entfernt gelegen; enge Zufahrt mit Aufsetzgefahr; tagsüber reger öffentlicher Autowaschservice am Platz. Leider der einzige Platz in der Hauptstadt.

C 608 **Camping Capo Ferrato** (S. 159/F3)
Via delle Ginestre 12, 09043 Muravera,
Tel. +39 070 991012,
campingcapoferrato.it
GPS-Daten: 39.242965, 9.570284
Kompakter, familiär geführter 3-Sterne-Camping mit 83 parzellierten Stellplätzen, davon 26 in erster Reihe am Strand; komplette Infrastruktur mit Markt, Bar und Restaurant; direkter Zugang zum weitläufigen feinen Sandstrand. Beliebt insbesondere bei deutschen Urlaubern; umfangreiches und wechselndes Unterhaltungsprogramm, in der Nebensaison mit Ausflügen im Rahmen der sogenannten Sardischen Wochen. Im Juli/August Mitnahme von Hunden verboten.

C 609 **Camping Silana Pass** (S. 153/F6)
SS 125 Urzulei–Cala Gonone km 182, 08040 Urzulei, Mobil +39 340 5739613,
campingsilana.com
GPS-Daten: 40.153530, 9.507735
Nach eigenen Angaben der mit 1010 Metern höchst gelegene Campingplatz Sardiniens mit Platz für ca. 20 Wohnmobile; V/E, Strom, Dusche/WC. Etwa 600 Meter vor der Genna-Silana-Passhöhe (1017 m) nach rechts auf Schotterweg abzweigend; überwältigende Aussicht auf die umliegende Berglandschaft des Supramonte und Gennargentu-Nationalparks; guter Ausgangspunkt für ausgedehnte Bergwanderungen, Klettertouren und Besichtigung der Gorropu-Schlucht.

C 610 **Camping Car Palmasera** (S. 153/G5)
Viale Bue Marino,
08022 Cala Gonone,
Mobil +39 336 818111,
campingcarpalmasera.com

GPS-Daten: 40.279924, 9.630592
Campingplatz mit ca. 100 Stellplätzen auf einem terrassierten, teilweise beschatteten Areal am Ortsrand; komplette Infrastruktur mit Campinggastronomie. Fußläufig zum Hafen; Ticketstand für Schiff-Fahrten zu den attraktiven Badebuchten und der Grotte Bue Marino direkt am Platz.

C 611 **Agriturismo S'Ozzastru** (S. 153/G4)
Località Su Cuddiarvu, SS125 Dorgali–Orosei km 211,6, 08022 Dorgali, Mobil +39 347 5008096, agriturismosozzastru.com
GPS-Daten: 40.339332, 9.607788
Ökologisch ausgerichteter Campingplatz auf einem gutshofähnlichen, mit Liebe zum Detail ausgestatteten Anwesen für ca. 20 Wohnmobile, verteilt auf mehrere Standorte (Erweiterung in Planung); Frischwasser, Strom, Dusche/WC; V/E gegen Extragebühr; WLAN in Rezeptionsnähe. Sehr ruhig, abseits und oberhalb der SS125 Orosei–Dorgali gelegen; Restaurant mit Spezialitäten der Region; großzügiger Poolbereich mit traumhaftem Ausblick; Einkauf von selbst hergestellten Produkten möglich.

C 612 **Camping Supramonte** (S. 153/E6)
Località Sarthu Thitthu, SP48, 08027 Orgosolo, Tel. +39 078 4401015, Mobil +39 349 1775877, supramonte.it
GPS-Daten: 40.190000, 9.351944 (Abzweigung/Zufahrt)
Oberhalb von Orgosolo und mitten im Wald gelegener Campingplatz für ca. 15 Wohnmobile; V/E, Strom, Dusche/WC, Restaurant/Bar; naturbelassene, größtenteils unebene und schattige Stellflächen. Der Platz lebt von seiner Lage, dem herzlichen Pächter Gino, seinem engagierten Team und dem lebendigen sardischen Mittagessen im Freien. 4×4-Jeep-Exkursionen, Wander- und Reitausflüge in die wunderschöne Umgebung buchbar; Einschränkungen bei Poolnutzung möglich; neue Sanitäranlage im Veranstaltungsbereich nutzbar.

C 613 **Camping La Cinta** (S. 150/C6)
Via del Tirreno, 07052 San Teodoro, Tel. +39 0784 865777, campingsanteodoro.com
GPS-Daten: 40.781548, 9.674016
Baumbestandener Campingplatz mit insgesamt 274 Stellplätzen auf Rasen/Sand mit direktem Zugang zum Strand; komplette Infrastruktur mit Minimarkt und Bar, beliebtes Restaurant direkt angrenzend; keine Hunde erlaubt. Ideale Lage zwischen Lagune und Meer mit perfekten Voraussetzungen für Strandspaziergänger, Kitesurfer und Flamingo-Fans; sehr weitläufige Bucht mit weißem Sandstrand und prägnantem Blick auf den vorgelagerten Tavolara-Felsen. Nicht nur als Sardinien-Einstieg nach Ankunft in Olbia geeignet, sondern auch als schöner Ausklang für Heimreisende via Olbia (25 km).

»Reiskornstrand« bei Camping Is Aruttas

Sanddünen beherrschen das Landschaftsbild Richtung Piscinas an der Westküste.

REISEINFOS VON A BIS Z

Wissenswertes und nützliche Tipps – für eine optimale Reiseplanung bis zum unbeschwerten Genuss vor Ort

AGRITURISMO

Agriturismo bedeutet Landurlaub bzw. Urlaub auf dem Bauernhof. Die Betriebe befinden sich überwiegend in ländlicher Umgebung und offerieren ihren Gästen neben festen Unterkünften Erzeugnisse aus eigener Produktion. Einige Betriebe bieten auch Wohnmobilstellplätze an. Die Bandbreite bezüglich Ausstattung, Dienstleistungen, Servicelevel und Preisen variiert sehr stark: Von rustikal und rudimentär ausgestatteten Einrichtungen bis hin zu Luxusherbergen mit Premium-Poolanlage und Gourmetrestaurant ist beinahe alles vertreten. Weitere Informationen unter agriturismo.it/de.

ANREISE

»Viele Wege führen nach Rom«, heißt es in einer Redewendung – bezogen auf Sardinien bedeutet es, dass unterschiedlichste Anreisemöglichkeiten bestehen und alle doch letztlich zum persönlichen Traumstrand führen. Eindeutige Empfehlungen auszusprechen, scheitert an den individuellen Vorlieben: Wer schnell und komfortabel mit dem Wohnmobil ans Ziel möchte, wird Autobahnen und Fährüberfahrten mit Kabinennutzung wählen; wer Zeit hat und Geld sparen möchte, wird sich eher für mautfreie Straßen, frühzeitige Fährenbuchung und Nebensaisonzeiten entscheiden.
Die meistgenutzten und schnellsten Routen von Deutschland, aufgrund durchgängiger Autobahnnutzung, sind die Anreise über die Schweiz mit dem Gotthardtunnel (Westroute) und über Österreich mit dem Brenner (Ostroute). Als Anhaltspunkte dienen folgende Angaben:
Westroute: Freiburg–Genua (Hafen) ca. 570 km, ca. 9 Stunden;
Ostroute: München–Genua (Hafen) ca. 680 km, ca. 9 Stunden.

Die Autobahngebühren hängen von verschiedenen Faktoren ab (siehe ➔ Maut), bei Wohnmobilen bis 3,5 t zGG muss mit etwa

Anreise mit der Nachtfähre von Genua nach Olbia

Leckeres Frühstück mit sardischen, regionalen Produkten im Agriturismo S'Ozzastru

50 Euro einfache Strecke gerechnet werden. Detaillierte Routenberechnungen und Mautrechner finden sich unter anderem beim ADAC unter https://maps.adac.de.
Mautfreie Routen mit erheblich längerer Anreisedauer, dafür mehr Panorama- und weniger Tunnelblick, sind wie folgt möglich:
Westroute: Freiburg–Luzern–Brig–Domodossola–Borgomanero–Vercelli–Alessandria–Genua (Hafen) ca. 640 km, ca. 17 Stunden;
Ostroute: München–Garmisch-Partenkirchen–Imst–Scuol–St. Moritz–Chiavenna–Mailand–Genua (Hafen) ca. 620 km, ca. 15 Stunden.

Auf diesen Routenführungen ist zu beachten, dass es aufgrund von Umleitungen, Fahrverboten für Durchgangsverkehr (z. B. Tirol) und verkehrsbeschränkten Innenstadt-Zonen (z. B. Mailand) dennoch zu gebührenpflichtigen Streckenabschnitten kommen kann.

AREA (DI) SOSTA CAMPER

Eine Area (di) Sosta Camper ist im eigentlichen Sinne ein reiner Wohnmobilstellplatz. Die Abgrenzung zu Campingplätzen ist mitunter jedoch fließend, sodass eine Area Sosta Camper durchaus eine umfassende Infrastruktur und insofern ein Campingplatz-vergleichbares Dienstleistungsangebot haben kann. Eine Stellplatz-Übersicht findet sich unter camperonline.it/sosta-camper/aree-di-sosta (nur in Italienisch verfügbar).

BEWIRTUNGSRECHNUNG

Wer für ein geschäftlich veranlasstes Essen einen Bewirtungsbeleg (Fattura) benötigt, muss dies deutlich kommunizieren, bevor nach der Rechnung verlangt wird, und seine *italienische* Steuernummer (Codice Fiscale) mitteilen. Die eigene, nationale Umsatzsteuer-Identifikationsnummer (V.A.T., Partita Iva) reicht in aller Regel nicht, da das elektronische Kassensystem des Restaurants ohne Eingabe des Codice Fiscale keinen Beleg ausdrucken kann.

Eine der zahlreichen Quellen auf der Insel

BUSSGELDER

Italienische Bußgelder können schmerzhaft hoch ausfallen – insbesondere deutsche Kraftfahrer glauben angesichts drakonischer Strafen zunächst an einen Zahlendreher. Fakt ist, dass überführte Verkehrs- und sonstige Regelverstöße in Italien die Urlaubsfreuden und das Ferienbudget schnell zunichtemachen können. In extremen Fällen kann das Fahrzeug sogar beschlagnahmt werden. Bußgelder ab 70 Euro, die binnen Jahresfrist im Wohnsitzland des »Verkehrssünders« eingefordert werden, können ab Zustellung bis zu fünf Jahre geltend gemacht werden. Insofern ist es äußerst ratsam, sich sowohl vor Fahrtantritt als auch vor Ort mit den jeweiligen Bestimmungen vertraut zu machen. Eine Übersicht wie auch Rat, was im Fall der Fälle zu tun ist, finden sich auf den Internetseiten der Automobilclubs.

CAMPINGKARTEN

Die zahlreichen Campingkarten unterscheiden sich nicht nur hinsichtlich der erzielbaren Vergünstigungen und Zusatzleistungen, auch deren Akzeptanz auf den Camping- und Wohnmobilstellplätzen ist äußerst uneinheitlich. Wer seine Übernachtungsorte nicht vor Reiseantritt auf die Nutzbarkeit von Campingkarten überprüft und sich lieber spontan für einen bestimmten Platz entscheidet, fragt spätestens vor Ort beim Check-in nach Sonderkonditionen.

CAMPINGPLATZ-BESCHREIBUNGEN IM BUCH

Auswahl und Bewertung: So unterschiedlich Reisemobilisten und ihre Vorlieben für Stell- und Campinglätze sind, so individuell sind Anspruch, Wahrnehmung und Erinnerung daran. Sämtliche vorgestellten Stell- und Campingplätze sind von uns persönlich besichtigt worden. Die Auswahl orientiert sich an den vorgeschlagenen Reiserouten. Im Vordergrund stehen weniger mehrtägige Urlaubsaufenthalte in Postkarten-Ambiente, sondern Funktionalität im Rahmen der Reiseroute unter Berücksichtigung des Umstandes, mit einem voll ausgestatteten und weitestgehend autarken Reisemobil/Campervan unterwegs zu sein. Unter diesem Blickwinkel sind unsere Empfehlungen als ausschließlich individuelle Selektion und Wertung zu verstehen.

GPS-Koordinaten: Die Koordinaten beziehen sich im Interesse einer besseren Wegeführung jeweils auf die Zufahrt beziehungsweise auf den Eingang des Stell- oder Campingplatzes.

Öffnungszeiten: Die Mehrheit der Campingplätze öffnet Ende April bis Mitte Mai und beendet die Saison Mitte/Ende Oktober. Die Öffnungszeiten werden bisweilen aber auch vom jeweils aktuellen Wetter abhängig gemacht. Es empfiehlt sich deshalb, zu Beginn der Vorsaison (Ostern) als auch gegen Ende der Nachsaison (Allerheiligen) die tatsächlichen Öffnungszeiten kurzfristig vor Anreise direkt bei den Betreibern zu erfragen.

Preise: Auf Preisangaben haben wir bewusst verzichtet, da diese saisonabhängig variieren (bis zu sieben Saisonzeiten!), schnell veraltet sein können und eine detaillierte Aufzählung der Einzelpreise (Wohnmobil, Anzahl Personen/Tiere, Stellplatzgröße und -lage, Duschen etc.) und Rabatte den Rahmen dieses Buches sprengt. Sofern vorhanden, sind die jeweiligen Webseiten aufgeführt, über die sämtliche Preisinformationen aktuell abgerufen werden können.

Stellplatzanzahl: Sofern nicht komplett parzelliert und somit eindeutig quantifizierbar, sind die Angaben zur Stellplatzanzahl geschätzte Werte unter Annahme ausreichender Größen und Abstände zu Stellplatznachbarn. Abweichungen, insbesondere in Hochsaisonzeiten, sind möglich.

WLAN: Angaben zu gebührenpflichtiger oder kostenfreier WLAN-Nutzung sowie zur Qualität des Empfangs würden lediglich eine Momentaufnahme darstellen und sind deshalb nicht enthalten. Die Empfehlung ist, sich beim Check-in nach Verfügbarkeit, Preisen und Stellplätzen mit guter Netzabdeckung zu erkundigen (sofern, wie häufig, das WLAN nicht nur im Rezeptions- bzw. Restaurantbereich verfügbar ist).

CAMPINGVERBAND SARDINIEN

Eine Auswahl schöner Campingplätze ist zu finden beim sardischen Campingverband FAITA unter faitasardegna.it.

COPERTO

Das Coperto führt immer wieder zu Missverständnissen: Es ist in Restaurants mit Bedienung eine personenabhängige Gedeckgebühr von einigen Euro, die unabhängig vom Verzehr beziehungsweise dem Bestellwert der Speisen und Getränke auf den Rech-

Coperto, Fattura, Trinkgeld und Scontrino – wichtige Begriffe, die bekannt sein sollten beim Essen gehen im Restaurant, hier Camping S'Abba Druche

Die braunen Straßenschilder informieren über touristische Highlights oder den Weg zum Tourismusbüro.

nungsbetrag addiert wird. Es kann, muss aber nicht, Zusatzleistungen enthalten (z. B. Brotkorb, Oliven). Üblicherweise ist das Coperto auf der Speisekarte separat ausgewiesen.

DIPLOMATISCHE VERTRETUNGEN IN ITALIEN

Deutschland
Botschaft: Via San Martino della Battaglia 4, 00185 Rom, Tel. +39 06 492131,
Notfall-Tel. und SMS +39 335 7904170,
https://italien.diplo.de
Konsulat: Via Raffa Garzia 9, 09126 Cagliari, Tel. +39 070 307229, https://italien.diplo.de
Schweiz
Botschaft: Via Barnaba Oriani 61, 00197 Rom, Tel. +39 06 809571,
eda.admin.ch/roma
Konsulat: Via XX Settembre 16, 09125 Cagliari, Tel. +39 070 663661,
eda.admin.ch
Österreich
Botschaft: Via Pergolesi 3, 00198 Rom, Tel. +39 070 8003021,
aussenministerium.at/rom
Konsulat: Via Orlando 17, 09127 Cagliari, Tel. +39 07 7568805, bmeia.gv.at

EINBRUCHDIEBSTAHL

Attraktive Reiseziele wie Sardinien ziehen viele Touristen an, deshalb leider auch Langfinger. Es empfiehlt sich, hier die gleichen Vorsichtsmaßnahmen wie in allen Urlaubsregionen der Welt zu treffen: Wertsachen nur im notwendigen Umfang auf die Reise mitnehmen; während der Abwesenheit keine Wertgegenstände von außen sichtbar im Fahrzeug liegen lassen; Bargeld, Ausweise und Kreditkarten bei Ausflügen einstecken; Kopien von wichtigen Dokumenten auf dem Smartphone und umfangreiche Datenmengen auf einer externen Festplatte speichern. Im Fall der Fälle den Diebstahl bei der Polizei melden, um ein Protokoll zu erhalten, das für die Versicherung erforderlich ist.
Vor Reiseantritt den Versicherungsumfang prüfen und gegebenenfalls bedarfsgerecht erweitern, zum Beispiel in Form einer Inhaltsversicherung.

EINREISEDOKUMENTE

Personalausweis/Reisepass: Staatsangehörige aus dem sogenannten Schengen-Raum (d. h. inklusive Schweiz) benötigen zur Einreise nach Italien einen Personalausweis oder Reisepass, der zum Zeitpunkt der Einreise höchstens ein Jahr abgelaufen sein darf. Mitreisende Kinder benötigen ein eigenes Reisedokument.
Im Rahmen der COVID-19 Pandemie ändern sich die Einreisebestimmungen häufig und bisweilen mit kurzen Vorlaufzeiten. Eine frühzeitige Informationsbeschaffung über die aktuellen Anforderungen und Beschränkungen hinsichtlich der Masken-

pflicht und eines Impf-Nachweises (in Italien sog. »Green Pass«) ist deshalb sehr ratsam, z. B. unter auswaertiges-amt.de; salute.gov.it; app.euplf.eu
Kfz: Verpflichtend ist ein gültiger nationaler Führerschein und Kfz-Schein sowie als Empfehlung die Mitnahme der grünen internationalen Versicherungskarte.
Haustiere: Mitreisende Tiere benötigen einen EU-Heimtierausweis (weitere Informationen, z. B. zu Fristen der Tollwutimpfung, unter bmel.de).

FÄHREN

Wer die Wahl hat … mehrere Fährgesellschaften buhlen um die Gunst der Sardinien-Urlauber. Ausschlaggebend für die Entscheidung, mit welcher Fährgesellschaft man übersetzt, dürften Verfügbarkeit, Preis, Fahr- und Tageszeit sowie Serviceangebot sein. Vergleichen lohnt sich.
In eine objektive Abwägung der Vor- und Nachteile sollten auch weitere Parameter einfließen. Eine kurze Fährpassage erfordert beispielsweise längere und kostenwirksame Anfahrtswege über Land. Eine Nachtpassage wiederum ermöglicht bereits einen ganzen ersten Tag auf der Insel. Nicht zuletzt ist eine Kabine erholsamer als stundenlanges Rumsitzen auf den Decks.
Buchungen können online oder bei spezialisierten Reisebüros erfolgen. Die Preise variieren stark in Abhängigkeit zahlreicher Einflussfaktoren (Yield Management), sodass eine Preisauskunft immer nur eine Momentaufnahme darstellt. Mit frühzeitigem Buchen lassen sich generell die niedrigsten Preise erzielen, sofern man nicht die terminliche Flexibilität hat, kurzfristig eventuell stark rabattierte Restplätze zu reservieren. Die bedeutsamsten Abfahrtshäfen vom Festland sind Genua und Livorno, auf Sardinien sind es Olbia, Porto Torres und Golfo Aranci. Die Überbrückung von Wartezeiten ist in ausgewiesenen Hafen-Parkzonen möglich.
Fährgesellschaften nach Sardinien
Corsica/Sardinia Ferries:
corsica-ferries.de
Grandi Navi Veloci: gnv.it

Rückblick auf Genua – Fahrtrichtung Urlaub!

Auch wenn es noch so schön ist das Freistehen und Wildcampen ist im öffentlichen Raum verboten.

Grimaldi Lines: grimaldi-lines.com
Moby Lines: mobylines.de
tirrenia: tirrenia.de
Fährgesellschaften für die sardischen Inseln
Delcomar: delcomar.it
(Palau–La Maddalena; Portovesme–Carloforte/Calasetta; Porto Torres–Asinara)
Maddalena Lines: maddalenalines.it
(Palau-La Maddalena)

FEIERTAGE WÄHREND DER SAISON

März/April: Ostermontag (Lunedì di Pasqua);
25. April: Tag der Befreiung Italiens (Liberazione d'Italia);
1. Mai: Tag der Arbeit (Festa del lavoro);
2. Juni: Nationalfeiertag (Festa della Repubblica Italiana);
15. August: Maria Himmelfahrt (L'Assunzione di Maria bzw. Ferragosto);
1. November: Allerheiligen (Ognissanti).

FREISTEHEN

siehe ➔ Übernachten im Wohnmobil im öffentlichen Raum

GAS

Wie in fast ganz Europa weichen auch in Italien die Anschlusssysteme von den heimischen Gasflaschen ab. Nachschub kann auf zwei Wegen sichergestellt werden: für ausländische Gasflaschen über Entnahmeadapter oder für die eigenen Gasflaschen zusätzlich mittels Euro-Füll-Set. Das Betanken von Wohnmobilen mit fest eingebautem Flüssiggas-Tank ist in Italien offiziell verboten.

GESUNDHEIT

Für gesetzlich Krankenversicherte genügt die Mitnahme der Europäischen Krankenversicherungskarte, um medizinisch notwendige, ambulante oder stationäre Behandlungen durch das öffentliche, lokale Gesundheits-system (Azienda sanitaria locale) zu erhalten. Auf der Rückseite der deutschen elektronischen Gesundheitskarte ist die Europäische Krankenversicherungskarte mit allen notwendigen Angaben vorhanden. Privat Krankenversicherte sollten sich bei ihrer Versicherung über den Umfang der Leistungen informieren. Der Abschluss einer Auslandskrankenversicherung ist empfehlenswert, um eventuell entstehende Zusatzleistungen und -kosten abzudecken.

GPS-KOORDINATEN

Die Koordinaten beziehen sich im Interesse einer besseren Wegeführung jeweils auf die Zufahrt beziehungsweise auf den Eingang des Stell- oder Campingplatzes. Die Umrechnung der in diesem Buch verwendeten Dezimalgrad-Koordinaten in Koordinaten des Sexagesimal-Systems (Grad, Minuten, Sekunden) ist im Navigationssystem unter »Einstellungen« oder im Internet umzurechnen, z. B. mit gpskoordinaten.de/gps-koordinaten-konverter.

HUNDE

Verpflichtend ist das Mitführen eines gültigen EU-Heimtierausweises (detaillierte Informationen unter bmel.de). Für die Fährüberfahrten ist es empfehlenswert, sich rechtzeitig über die Transportbestimmungen der jeweiligen Fährgesellschaft zu informieren. Die Betreiber von Stell- und Campingplätzen regeln in ihren Hausordnungen, was zulässig ist. Unsere Empfehlung: die jeweils gültigen Bestimmungen vor Reiseantritt erfragen. Grundsätzlich gilt: Sofern die Mitnahme von Hunden auf Campingplätzen erlaubt ist (Verbote in der Hochsaison möglich), sind Hunde dort an der Leine zu führen. Impfnachweise müssen auf Nachfrage vorgezeigt werden. Am Strand sind Hunde gesetzlich ganzjährig verboten. Insbesondere während der Badesaison (1. Mai bis 31. Oktober) drohen erhebliche Geldstrafen, während das Betreten des Strandes mit Hunden in der Nebensaison inoffiziell geduldet wird. Zwischen 20 Uhr und 8 Uhr dürfen Hunde an den Strand, Leinenpflicht (max. 1,5 m Länge) und das Mitführen eines Maulkorbs sind obligatorisch. Kommunale Regelungen sowie deren Kontrolle fallen unterschiedlich intensiv aus. Auf der sicheren Seite ist der Hundebesitzer nur auf explizit ausgewiesenen Hundeständen, die jedoch auf Sardinien noch in geringer Anzahl vorhanden sind. Ob Hunde im Restaurant erlaubt sind, hängt von dem Betreiber ab. In öffentlichen Gebäuden sind sie grundsätzlich verboten.

Für Hunde gelten besondere Regeln.

KURVEN SCHNEIDEN

Zahlreiche Pkw- und Motorradfahrer fühlen sich bei der Suche nach der Ideallinie ermutigt, Kurven zu schneiden, auch wenn die Sichtverhältnisse dies nicht immer zulassen. Sardiniens kurvige Straßen sind für die einen das erwünschte Adrenalin-Fahrerlebnis schlechthin, für andere Fluch und Geduldsprobe bei Überholvorgängen. Die ganze Aufregung nutzt jedoch nichts: Eine vorausschauende und defensive Fahrweise ist immer noch das beste Mittel, um ein unerwünschtes Aufeinandertreffen zu vermeiden.

MAUT

Deutschland: Es war geplant, in Deutschland ab Oktober 2020 eine Pkw-Maut einzuführen, von der auch alle Wohnmobilfahrer beim Befahren von Autobahnen und Bundesstraßen betroffen gewesen wären. Nach EU-Rechtsprechung wird diese Maut in der geplanten Form nicht umgesetzt werden. Über den aktuellen Stand informieren unter anderem die Automobilclubs oder die Website des Bundesministeriums für Verkehr und digitale Infrastruktur unter bmvi.de.
Österreich: Mautpflicht besteht in Österreich auf allen Autobahnen und Schnellstraßen. Die Maut wird entrichtet mittels Vignette (alle Fahrzeuge bis 3,5 t zGG, unterschiedlich wählbare Gültigkeitsdauer), GO-Box (alle Fahrzeuge mit mehr als 3,5 t zGG, streckenbezogen) und gesonderter Streckenmauttickets bzw. digitaler Streckenmautkarten für bestimmte Straßenabschnitte. Detaillierte Informationen unter asfinag.at.
Schweiz: In der Schweiz ist das Befahren der Autobahnen mautpflichtig. Fahrzeuge bis 3,5 t zGG benötigen eine pauschale Jahresvignette, Wohnmobile über 3,5 t zGG müssen eine pauschale Schwerverkehrsabgabe (PSVA) für alle Straßen entrichten. Detaillierte Informationen unter bazg.admin.ch.
Italien: In Italien sind nahezu sämtliche Autobahnen (Autostrada, grüne Verkehrsschilder) sowie bestimmte Städte, Tunnels und Brücken mautpflichtig. Schnellstraßen (Superstrada, blaues Verkehrsschild) sind mautfrei, auch wenn sie autobahnähnlich ausgebaut sind. Die Mautberechnung erfolgt

↓ Die Waldbrandgefahr ist im Sommer aufgrund der Trockenheit sehr hoch.
↘ Achtung: Mautpflichtige Straßen führen schneller ans Ziel, kosten aber auch Geld.

nach gefahrener Strecke und Fahrzeugtyp oder mittels eines Pauschalbetrages. Da es in Italien mehrere Betreibergesellschaften für das mautpflichtige Straßennetz gibt, sind detaillierte Informationen am übersichtlichsten auf den Internetseiten der Automobilclubs zu finden.
Sardinien: Auf Sardinien gibt es keine mautpflichtigen Straßen. Die teilweise autobahnähnlich ausgebaute, schnelle Nord-Süd-Verbindung SS 131 Porto Torres/Sassari/Olbia nach Cagliari ist ebenfalls gebührenfrei und wird kontinuierlich ausgebaut.

MINDESTAUFENTHALT AUF CAMPINGPLÄTZEN

Einige Campingplätze verlangen bei verbindlicher Reservierung für die Hochsaison-Zeiten einen Mindestaufenthalt von ein bis zwei Wochen und zudem eine Anzahlung.

MÜCKEN

Ja, die gibt es leider auch auf Sardinien. Insbesondere dort, wo zum Beispiel Campingplätze landschaftlich schön zwischen Meer und Lagunen eingebunden sind, fühlen sich auch die kleinen Quälgeister sehr wohl. Wer seine Opferrolle erträglicher gestalten möchte, findet vor Ort ein breites Sortiment an Abwehr- und Linderungsmitteln.

MÜLLTRENNUNG

Die Mülltrennung wird auf Sardinien sehr ernst genommen, auch wenn leider (noch) über die ganze Insel verteilt »wilde« Müllentsorgungsplätze existieren. Dennoch, in den Städten und Gemeinden, an Stränden, auf Stell- und Campingplätzen, überall finden sich farbig und schriftlich gekennzeichnete Müllbehälter für die diversen Abfälle. Da die Mülltrennung von Gemeinde zu Gemeinde unterschiedlich ausfallen kann, ist es sinnvoll, sich die bei Registrierung auf dem Campingplatz häufig ausgehändigten Infoblätter durchzulesen.

MÜNZGELD

Auch wenn bargeldlose Zahlungsoptionen auf dem Vormarsch sind, ist es empfehlenswert, einen ausreichend großen Vorrat an Euro-Münzen in unterschiedlicher Stückelung an Bord zu haben.
Auch auf Campingplätzen sind verschiedene Dienstleistungen in bar zu entrichten, sei es für das Warmduschen, für Waschmaschine/Trockner oder das bestellte Ciabatta an der Rezeption.

NOTRUFNUMMERN

Euronotruf: 112
(Numero unico di emergenza/Carabinieri)
Polizei: 113 (Polizia di Stato)
Feuerwehr: 115 (Vigili del fuoco)
Notarzt/Krankenwagen: 118
(Emergenza sanitaria/Ambulanza)
Waldbrand: 1515
(Corpo Forestale dello Stato)
Küstenwache/Seenotrettung: 1530 (Emergenza in mare)
Italien:
Pannenhilfe ACI: 803116
(von ital. Festnetz-/ Mobilfunkanbietern);
800116800 (von ausl. Mobilfunkanbietern)
Deutschland:
Pannenhilfe ADAC: +49 89 222222
Pannenhilfe ACE: +49 711 530343536 Pannenhilfe AvD: +49 69 6606600
Sperr-Notruf EC-/Kreditkarte: +49 116116
Österreich:
Pannenhilfe ÖAMTC: +43 1 2512000
Schweiz:
Pannenhilfe ACS: +41 44 2833377

ÖFFNUNGSZEITEN

Kleinere Geschäfte sind oft, insbesondere in ländlichen Regionen, während einer längeren Mittagspause (Siesta) von 12.30 beziehungsweise 13 Uhr bis 16/17 Uhr geschlossen, dafür aber auch über 20 Uhr hinaus geöffnet. Einkaufszentren und größere Supermärkte sind in der Regel durchgehend und oftmals auch sonntags geöffnet (Domenica Aperto). Freilichtmuseen, Nuraghen und Ausgrabungsstätten sind meistens von morgens durchgängig bis zum Sonnenuntergang geöffnet. Museen sind in der Regel montags geschlossen.

PARKEN

Das Parksystem in Italien wird bestimmt durch farbige Bordsteinmarkierungen.

Motorradfahrer auf Sardinien – eine innige Liebe!

Blau: gebühren- oder parkscheibenpflichtig; Schwarz-Gelb: verboten; Gelb: nur mit Sondergenehmigung (Anwohner, Schwerbehinderte, Taxis, Busse); Weiß: gebührenfrei (evtl. mit Sonderzeichen eingeschränkt gebührenfrei).

PROMILLEGRENZE

Die Promillegrenze in Italien liegt bei 0,5 ‰. Für Fahrer unter 21 Jahren sowie für Führerscheinneulinge in der dreijährigen Probezeit beträgt die Promillegrenze 0,0. Bei besonders starken Überschreitungen kann das Fahrzeug enteignet und versteigert werden.

RECHTS RANFAHREN

Zugegeben, es gibt elegantere Überschriften. Aber jeder weiß, was gemeint ist: unterwegs mal eben schnell für ein schönes Fotomotiv »rechts ranfahren«. Die Empfehlung lautet, bei aller Begeisterung für das Panorama, mit Rücksichtnahme auf dahinter fahrende Fahrzeuge, ein spontanes Abbremsen und Abbiegen zu vermeiden und äußerst behutsam von der asphaltierten Straße auf die zumeist schotterartige Ausbuchtung zu fahren. Im Laufe der Zeit haben sich an den Übergangsstellen oftmals höhere (Abbruch-) Kanten gebildet, die bei forscher Fahrweise unschöne Erinnerungen am Fahrzeug hinterlassen können.

SCONTRINO

Scontrino ist der Kassenbon, den man beim Bezahlen im Geschäft oder Restaurant erhält. Es ist empfehlenswert, diesen mitzunehmen, da nach italienischer Rechtsprechung bis 500 Meter Entfernung vom Bezahlort Kontrollen der Finanzpolizei zur Reduzierung von Steuerhinterziehung durchgeführt werden können.

STRANDSAND ALS SOUVENIR

Entsprechende Verbotsschilder an den Stränden werden mitunter amüsiert zur Kenntnis genommen, allerdings sollte sich jeder Sammler bewusst machen: Auf ganz Sardinien ist die Mitnahme von Sand, Kiesel oder Quarzgestein, unabhängig von der Menge, gesetzlich verboten und kann mit Geldstrafen zwischen 500 bis 3000 Euro geahndet werden. Weitere Informationen unter auswaertiges-amt.de.

Sand, Kiesel und Quarzgestein am Strand – schön zum Anschauen, aber verboten, etwas davon mitzunehmen

SUPERMÄRKTE

Über die ganze Insel verteilt finden sich Discounter-Supermärkte der Firmen MD, Eurospin und Nonna Isa. Größere Supermarktketten sind Auchan, Eurospar/Interspar, Conad und Lidl, die jedoch nur in ausgewählten, größeren Städten vorzufinden sind. Die meisten Supermärkte sind auch sonntags geöffnet.

TANKEN

Tanken in Italien ist tendenziell teurer als in den D-A-CH-Staaten. Gleiches gilt für die Spritpreise Sardiniens im Vergleich zum italienischen Festland. Die Preise können anbieter- und tageszeitenspezifisch sehr stark variieren; nach den Öffnungszeiten der Tankstellen wird auf den günstigeren Automatenpreis umgestellt (Bar- und Kreditkartenzahlung möglich). Ungewöhnlich ist, dass die Preise an den Schnellstraßen oftmals niedriger sind als andernorts. Viele Tankstellen bieten Tankservice an, diese Dienstleistung geht jedoch mit höheren Literpreisen einher. Akzeptiert werden ganz überwiegend EC-Karte und die gängigen Kreditkarten (Visa, Mastercard); bei Barzahlungen kann es Einschränkungen hinsichtlich größerer Banknoten geben. Auskunft über aktuelle Kraftstoffpreise in Italien geben zum Beispiel die Internetseiten der diversen Automobilclubs.

TEMPOLIMIT

Sofern nicht durch Verkehrsschilder abweichende Geschwindigkeitsbeschränkungen vorgeschrieben sind, gelten für Wohnmobile und Gespanne in geschlossenen Ortschaften max. 50 km/h. Außerhalb geschlossener Ortschaften gelten folgende Regelungen: für Wohnmobile bis 3,5 t zGG max. 90 km/h, auf Schnellstraßen max. 110 km/h, auf Autobahnen max. 130 km/h; für Wohnmobile über 3,5 t zGG max. 80 km/h, auf Schnellstraßen max. 80 km/h, auf Autobahnen max. 100 km/h; für Gespanne max. 70 km/h, auf Schnellstraßen max. 70 km/h, auf Autobahnen max. 80 km/h.

TELEFONIEREN WÄHREND DER FAHRT

Das Telefonieren während der Fahrt ist nur mit Freisprecheinrichtung erlaubt. Neben einer Geldstrafe ist auch sofortiges Fahrverbot möglich.

TELEFON-VORWAHLEN

Vom Ausland nach Italien:
0039 plus Ortsvorwahl inklusive der Null plus Teilnehmernummer
Von Italien ins Ausland:
Ländervorwahl plus Ortsvorwahl ohne Null plus Teilnehmernummer
Innerhalb Italiens:
Ortsvorwahl mit Null plus Teilnehmernummer
Italienische Mobilfunknummern:
Anbieternummer ohne Null plus Teilnehmernummer

TOURISTENINFORMATION

In fast jeder touristisch attraktiven Region gibt es auf Sardinien eine Informationsstelle. Touristeninformationen entlang der in diesem Buch vorgeschlagenen Routen sind jeweils am Ende einer Tour in dem Kapitel »Praktische Hinweise« aufgelistet. Weitere gute Informationsquellen sind:
Sardegna Turismo, Viale Trieste 105, 09123 Cagliari, sardegnaturismo.it
ENIT (Italienische Zentrale für Tourismus), italia.it/de
Deutschland: Barckhausstr. 10, 60325 Frankfurt, Tel. +49 69 237434, enit.de
Schweiz: Tödistr. 65, 8002 Zürich, Tel. +41 44 5440797, enit.de
Österreich: Mariahilfer Str. 1b/XVI, 1060 Wien, Tel. +43 1 5051639, enit.de

TRINKGELD

Wer am Bartresen im Stehen seinen Caffè (Espresso) trinkt, bekommt das Wechselgeld centgenau mit dem Kassenbon (Scontrino) auf einem kleinen Tellerchen überreicht. Trinkgeld ist hier unüblich. Im Bedien-Restaurant dagegen ist ein Trinkgeld (Mancia) gern gesehen und sollte sich, je nach Zufriedenheit mit dem Service, an einer Größenordnung von 10 bis 20 Prozent des Rechnungsbetrages orientieren.

ÜBERNACHTEN IM WOHNMOBIL IM ÖFFENTLICHEN RAUM

Um es kurz zu machen: Auf ganz Sardinien ist das Freistehen beziehungsweise Wildcampen im öffentlichen Raum verboten! Auch wenn unendlich viele Kommentare in den sozialen Medien kursieren, die das Freistehen, zumindest in der Nebensaison, als problemfrei anpreisen und »Geheimtipps« mit den schönsten Freisteherplätzen auf Sardinien posten, so ändert das nichts an dem generellen Verbot (Nuovo codice della strada, articolo 185, mit.gov.it).
Fakt ist, es wird nicht überall kontrolliert, mancherorts das Freistehen auch geduldet. Dennoch: Wer erwischt wird, muss unter Umständen erhebliche Geldstrafen akzeptieren. Wir Autoren nutzen Freisteh-Möglichkeiten selbst gern überall dort, wo es erlaubt ist. Wir fühlen uns allerdings mitverantwortlich, unserer schönen Reiseform eine positive Akzeptanz auch in der Zukunft zu ermöglichen. Zu viele unbekümmerte Camper haben mit teils rücksichtslosem (Umwelt-)Verhalten dafür gesorgt, dass länderübergreifend immer mehr Wohnmobil-Verbote eingeführt wurden. Tendenz steigend. Deshalb ohne Wenn und Aber: In diesem Buch gibt es keine Empfehlungen für Freisteher-Plätze.

VERKEHRSBESCHRÄNKTE ZONEN

Verkehrsbeschränkte Zonen (Zona a traffico limitato) sind in Italien häufig in touristisch stark nachgefragten Städten und Ortschaften

↑ Diese Kennzeichnung ist für die Fahrradmitnahme auf dem Heckträger vorge schrieben
↗ Zeitlich begrenzt: Durchfahrt für Wohnmobile

anzutreffen und können von temporären, tageszeiten- und wochentagabhängigen bis hin zu generellen Einfahrtsbeschränkungen reichen.
Wer für seine An-/Abreise über Mailand fahren möchte, sollte sich mit den seit Februar 2019 ganzjährig geltenden zonalen Regelungen vertraut machen (comune.milano.it).

VERKEHRSVORSCHRIFTEN

Zusätzlich zu den in diesem Kapitel separat aufgeführten Vorschriften sind die folgenden ausgewählten Verkehrsregeln in Italien (Codice della strada) wissenswert: Fahren außerorts und auf Autobahnen nur mit Abblendlicht oder Tagfahrleuchten; Gurtpflicht auf allen Sitzplätzen (gilt auch für Hunde), für Kinder unter 12 Jahren und unter 1,50 m Größe Anschnallpflicht im Kindersitz, Mindestalter für Kinder auf dem Beifahrersitz 10 Jahre; Mitführen von Warnwesten für alle Insassen; Kennzeichnungspflicht von Trägersystemen und Ladungen, die über die eingetragene Fahrzeuggesamtlänge nach hinten hinausragen (mittels rot-weiß gestreifter, reflektierender Warntafel in der Größe 50 × 50 cm), überstehende Ladung nach vorne ist verboten; Kreisverkehr hat keine Vorfahrt (sofern nicht durch Verkehrszeichen anders geregelt), beim Ausfahren Blinker setzen; Rauchverbot, wenn sich Minderjährige oder Schwangere im Fahrzeug befinden; Verbot der privaten Abschlepphilfe auf Autobahnen; im Mautstellenbereich Verbot des Spurwechsels, Rückwärtssetzens und Wendens (bei Problemen Hilfe-/Serviceknopf »Assistenza« drücken und auf Anweisungen warten).
Wer zwischen Mitte Mai und Mitte Oktober mit Winter- oder Ganzjahresreifen fährt, sollte den Geschwindigkeitsindex der Reifen mit den Angaben in seiner Zulassungsbescheinigung Teil 1 (ehemals Fahrzeugschein) abgleichen.

ZOLL

Die aktuellen Bestimmungen sind nachzulesen unter:
Deutschland: zoll.de
Schweiz: bazg.admin.ch
Österreich: bmf.gv.at

Einer der Strände: S'Abba Druche

PACK- UND CHECKLISTEN

Die Gedächtnisstützen für alle diejenigen, die sich sonst oft später erinnern

CAMPING-PACKLISTE

ALLGEMEIN

DIE BORDAPOTHEKE

- ◯ Persönliche Medikamente
- ◯ Sonnenschutz und After-Sun
- ◯ Mücken-/Zeckenschutz
- ◯ Erste-Hilfe-Set / Wundpflege
- ◯ Ohrstöpsel

HYGIENE AN BORD

- ◯ Toilettenpapier
- ◯ Kosmetik- und Hygieneartikel
- ◯ Handwaschmittel
- ◯ Hand- und Duschtücher

DER KLEIDERSCHRANK

- ◯ Kleidung für alle Einsätze (Zwiebel-look)
- ◯ Badesachen
- ◯ Wetterfeste Regenkleidung
- ◯ Schuhe für alle Anforderungen
- ◯ Warmes, auch im Sommer

DIE AUSSTATTUNG ZUM WOHNEN AUF DEM CAMPINGPLATZ

- ◯ Campingtisch und -stühle
- ◯ Sonnenschutz (verspannbar)
- ◯ Windlichter und evtl. Lichterkette
- ◯ Kuscheldecke für kühle Abende
- ◯ Wäscheleine und -klammern
- ◯ Grill und Feuerschale
- ◯ Hängematte
- ◯ Strandtuch

ESSENZIELLES

- ◯ Reisepass / Personalausweis
- ◯ Impfnachweis oder Impfpass
- ◯ Kfz-Schein
- ◯ Grüne Versicherungskarte
- ◯ Schutzbrief eines Automobilclubs oder einer Versicherung
- ◯ Bargeld
- ◯ EC- und Kreditkarten

NOTIZEN

CHECKLISTE

CAMPERKÜCHE

GRUNDAUSSTATTUNG

- ◯ Teller, Schüsseln und Schalen
- ◯ Besteck und Küchenmesser
- ◯ Tassen, Gläser und Becher
- ◯ Pfannen & Töpfe

DIE KÜCHE IN VAN ODER WOHNMOBIL

- ◯ Grundausstattung Nahrungsmittel
- ◯ Gewürze, Salz, Pfeffer, Zucker
- ◯ Mülltüten (kleine und große)
- ◯ Geschirrtücher
- ◯ Aufbewahrungsdosen (stapelbar)
- ◯ Handfeger für den Innenraum
- ◯ Trinkwasser
- ◯ Putzmittel
- ◯ Kaffee und Tee
- ◯ Feuerzeug für Gasherd
- ◯ Kochutensilien

PACKLISTE KÜCHE MINIMALISTISCH

- ◯ Spülmittel, 2–3 Schwämme, Stahlschwamm oder Bürste, Spülschüssel, zwei Geschirrtücher
- ◯ Schneidebrett aus Holz (auch als Untersetzer praktisch)
- ◯ großes Küchenmesser
- ◯ Messbecher mit Anzeige für Liter sowie für Mehl und Zucker in Gramm
- ◯ Taschenmesser mit Korkenzieher, Flaschen- sowie Dosenöffner, Schere
- ◯ Küchenpapier
- ◯ Alufolie oder Wachstücher
- ◯ Trinkflasche zum Wiederauffüllen für Ausflüge

PACKLISTE KÜCHE KOMFORTABEL

- ◯ Topflappen – zur Not nimm Handtücher
- ◯ Schneebesen
- ◯ Sieb: klein und feinmaschig
- ◯ Reibe: grob und fein
- ◯ zusätzliches Schneidebrett aus Kunststoff für bessere Hygiene
- ◯ Backpinsel
- ◯ Küchenwaage
- ◯ Knoblauchpresse
- ◯ Pfeffermühle
- ◯ Teigschaber
- ◯ als Erweiterung zum Taschenmesser: Dosenöffner, Schere, Korkenzieher
- ◯ Gemüseschäler
- ◯ Fleischthermometer:

PACKLISTEN FÜR ALLE FÄLLE

KINDER | WERKZEUG | BELEUCHTUNG

MIT KINDERN UNTERWEGS

- ◯ Schnorchel und Flossen und /oder Schwimmhilfen, Sonnenschutz
- ◯ Neoprenanzüge für kühle Temperaturen
- ◯ Fahrräder, Roller, Skateboards etc.
- ◯ Kleine Boxen zum Sammeln von Fundstücken
- ◯ Großes Reisetagebuch, in dem alle mitschreiben und malen, Stifte
- ◯ Hängematte mit Mückennetz für Mittagsschlaf
- ◯ Musik, Bücher und Hörspiele für alle
- ◯ Taschenlampen (für jedes Kind eine eigene) oder besser noch Stirnlampen
- ◯ Fernglas, Kompass, Taschenmesser
- ◯ Reisespiele und Tablet mit Spielen und Filmen

IMMER DABEI: WERKZEUG-GRUNDAUSSTATTUNG

- ◯ Ein Multitool / Bitkasten mit vielen verschiedenen Schraubenziehern, Inbus- und Steckschlüsseln
- ◯ Panzertape (gewebeverstärktes Universalklebeband)
- ◯ Eine Dose WD40 oder Ballistol Universalspray
- ◯ Kfz-Sicherungen aller Art
- ◯ Sekundenkleber
- ◯ Universalzange
- ◯ Klappspaten
- ◯ Hammer
- ◯ Kabelbinder und stabile Schnüre

NOTIZEN

PACKLISTEN FÜR ALLE FÄLLE

BEHÄLTER | SAUBERKEIT

TIPP: VERSCHIEDENE BEHÄLTER AN BORD

- ◯ Ein kleiner Rucksack für die Fährfahrt, den Tagesausflug zum Sightseeing, den Stadtbummel oder das Picknick am etwas entfernten Strand.
- ◯ Einige Ziploc-Beutel, mit denen man beispielsweise das Handy gut gesichert an den Strand nehmen kann, in denen man Essen zum Picknick transportieren oder Reste im Kühlschrank aufbewahren kann (sehr oft verwendbar, weil leicht auswaschbar).
- ◯ Einen wasserdichten Beutel für die Handtasche oder den Rucksack, in dem man die wichtigsten Sachen deponiert, wenn man zum Beispiel eine Rafting-Tour, einen Regenspaziergang, eine Höhlenbesichtigung machen möchte.
- ◯ Kleine Müllbeutel für den täglichen Müll
- ◯ Große Müllbeutel für das schnelle Aufbewahren von nassem Badezeug oder noch feuchter Wäsche. Außerdem auch gut, um gesammeltes Feuerholz aufzubewahren.

SAUBERKEIT SCHAFFT FRIEDEN

- ◯ Faltschüssel zum Abspülen und Wäschewaschen in den manchmal nicht so sauberen Sanitäranlagen der Campingplätze. Damit kann man außerdem gut das Geschirr transportieren.
- ◯ Allzweckreiniger oder Fensterputzmittel
- ◯ Zwei Schwämme (für Geschirr und Grobes)
- ◯ Öko-Spülmittel
- ◯ Küchenrolle
- ◯ Fußmatte (nimmt den meisten Sand und Dreck auf und kann man schnell mal ausschütteln)
- ◯ Handwaschmittel
- ◯ Zwei Geschirrtücher
- ◯ Handfeger
- ◯ Waschmittel in Einzelportionen

NOTIZEN

CHECKLISTE

FÜR EIN GEMIETETES WOHNMOBIL

Da die Kaution für ein Mietmobil nicht unerheblich und schon im kleinsten Schadensfall verloren ist, sollte das Fahrzeug vor der Übernahme genauestens überprüft werden. Vor allen Dingen der Wohnmobil-Neuling sollte sich die Funktionen ganz genau erklären lassen, um für den Urlaub gut gerüstet zu sein. Empfehlenswert ist es folgende Checkliste mitzunehmen, Punkt für Punkt abzuhaken und vom Vermieter unterschreiben zu lassen.

AUSSEN

- ◯ Beschädigungen an Karosserie, Stoßfängern, unter den Stoßfängern, auf Scheiben
- ◯ Reifenzustand, evtl. einseitige Abnutzung, Luftdruck
- ◯ Dach, Einschläge durch herabfallende Teile
- ◯ Gepäckträger bzw. Fahrradträger auf dem Kugelkopf auf Funktion prüfen
- ◯ Warntafel vorhanden
- ◯ Umweltplaketten vorhanden
- ◯ Markise, Abspannbänder vorhanden
- ◯ Unterlegkeile

INNEN

- ◯ Gereinigter Zustand
- ◯ WC und Bad in Ordnung, WC-Kassette geleert
- ◯ Küche sauber, Kochfeld
- ◯ Besteck auf Vollständigkeit prüfen
- ◯ Töpfe und Pfannen, Gläser, Geschirr
- ◯ Kühlschrank auf Funktion prüfen bei a) Landstrom, b) Gas, c) Lichtmaschine automatische Umschaltung
- ◯ Heizung bzw. Warmwasseraufbereitung prüfen, Boiler füllen und entleeren, Funktion des automatischen Ablasses erklären lassen
- ◯ Auslasshähne im Bad, Küche auf Funktion Warm-/Kaltwasser prüfen, inkl. Duschkopf
- ◯ Elektro Sicherung und Fehlerschalter prüfen
- ◯ Sitze und Möbel auf Abnutzung, bzw. Beschädigung oder Verunreinigung prüfen
- ◯ Matratzen auf Sauberkeit prüfen
- ◯ Campingstühle und Tisch

TECHNIK

- ◯ Motoröl
- ◯ Kühlflüssigkeit
- ◯ Scheibenwaschwasser
- ◯ Bremsflüssigkeit
- ◯ 2 volle Gasflaschen
- ◯ Frischwassertank
- ◯ Abwassertank, Ablassventil
- ◯ Funktion der Scheibenheber, Spiegeleinstellung und Rückfahrkamera
- ◯ Reparaturkit für Reifen
- ◯ Warndreieck, Warnwesten, Verbandskasten
- ◯ Werkzeug
- ◯ Kompletter Schlüsselsatz, am besten zweifach
- ◯ CEE-Stecker und Kabeltrommel

CHECKLISTE

BEI VERLASSEN DES CAMPINGPLATZES

AUSSEN

- ◯ Ist der Stromstecker gezogen?
- ◯ Ist die Kabeltrommel verstaut?
- ◯ Ist die Trittstufe eingefahren?
- ◯ Fußmatte schon hineingeräumt?
- ◯ Liegt das mobile Solarpaneel schon im Kofferraum bzw. in der Heckgarage?
- ◯ Ist die Wäscheleine eingepackt?
- ◯ Sind alle Campingmöbel im Fahrzeug verstaut?
- ◯ Müll vom Platz geräumt?

OBEN

- ◯ Ist die SAT-Schüssel eingefahren?
- ◯ Sind die Dachboxen fest verschlossen?
- ◯ Sind Aufstelldach bzw. Dachfenster geschlossen und verriegelt?

UNTEN

- ◯ Von den Auffahrkeilen heruntergefahren?
- ◯ Sind die Keile auch wirklich eingepackt?
- ◯ Liegen vielleicht noch die Gummitiere unter dem Auto?

INNEN

- ◯ Ist alles fest verriegelt?
- ◯ Ist der Kühlschrank verriegelt? Bei Bedarf schon auf 12 V umgestellt?
- ◯ Sind wirklich alle Schränke und Schubladen geschlossen?

NOTIZEN

REGISTER

PS: DA FÄLLT UNS NOCH WAS EIN!

Wir ahnten es schon lange, nun haben wir endgültig Gewissheit: In Bezug auf Sardinien existiert eine sehr große und stetig wachsende, internationale Fan-Gemeinschaft. Sobald im Bekannten- und Freundeskreis der Name »Sardinien« fällt, erhellen sich die Gesichter, Augen leuchten auf, Kenner der Insel übertrumpfen sich gegenseitig in Superlativen beim Austausch schöner Erinnerungen – und zuhörende Sardinien-Einsteiger empfinden die fehlenden eigenen Erfahrungen spontan als Manko.

Letztlich führen sämtliche Erzählungen und Eindrücke hinsichtlich Sardinien zu einem erstaunlich übereinstimmenden Fazit, das ungefähr so klingt: Wir lieben diese Insel, verbringen da schon seit Jahren unsere besten Urlaube und werden bald wieder dorthin aufbrechen! Ob jung, ob älter, mit großem Wohnmobil oder Van, als Paar, Familie mit Kleinkindern oder Einzelreisende – kaum eine andere Urlaubsdestination vermag ein solch vielfältiges, aber überzeugtes Stammpublikum so nachhaltig zu fesseln und zu vereinigen.

Wenn Sie, liebe Leserin, lieber Leser, also noch nicht vom Sardinien-Virus befallen sind, wissen Sie spätestens jetzt um die Ansteckungsgefahr. Wir wünschen Ihnen viel Spaß beim Entdecken der Insel mit dem Reisemobil und freuen uns, wenn auch Sie künftig zu den begeisterten Sardinienfans zählen beziehungsweise Ihre bisherigen Erfahrungen durch neue Anregungen aus diesem Buch erweitern können.

In diesem Sinne eine gute Fahrt, wo auch immer Sie unterwegs sind!

Herzlichst Ihre

Petra Lupp und Martin Klug

Entdecken Sie das
Beste aus zwei Welten!
Der VAN I verbindet die Wendigkeit der
Van-Klasse mit dem Luxus der Vollintegrierten.
Konfigurieren Sie Ihren perfekten VAN I: configurator.knaus.com
Abbildung ähnlich

Die Westküste hat das besondere Etwas

STRASSEN-ATLAS

Die ganze Insel – mit allen Routenvorschlägen und den empfohlenen Stell- und Campingplätzen

Golfe de Valinco
Propriano
Pinarello
Belvedere-Campomoro
Golfe de Porto-Vecchio
Ortolo
Porto-Vecchio
Îles Cerbicales
Tizzano
Korsika
Île des Moines
Golfe di Sta. Manza
Bonifacio
Île Cavallo
Bocche di Bonifacio
I. Maddalena
Capo Testa
Santa Teresa di Gallura
La Maddalena
150
Pta. Caprara o dello Scorno
Bassacutena
Porto Cervo
I. Asinara
Aglientu
Arzachena
San Pantaleon
148
Golfo dell' Asinara
Trinita d'Agultu e Vignola
149
L. di Liscia
C. Figari
C. del Falcone
Stintino
S. Antonio
Golfo Aranci
Castelsardo
Tempio Pausania
Olbia
Golfo di Olbia
Porto Torres
I. Tavolara
Telti
I. Molara
Pozzo S. Nicola
Perfugas
Sorso
Martis
Monti
C. Coda di Cavallo
Argentiera
Sassari
L. del Coghinas
Padru
San Teodoro
Mannu
Oschiri
Budoni
Ala dei Sardi
Capo Caccia
Ittiri
Pattada
Posada
Alghero
Mores
Ozieri
Siniscola
Thiesi
C. Comino
Bitti
Bultei
151
152
153
Benetutti
Bonorva
Orune
Cedrino
Montresta
Orosei
C. Marargiu
Temo
Tirso
Bosa
Suni
Nuoro
Dorgali
Macomer
Mamoiada
Golfo di Orosei
Cuglieri
Montiferru
Ottana
Sedilo
Orgosolo
S. Caterina di Pittinuri
Fonni
C. di M. Santu
Milis
Urzulei
C. Mannu
Putzu Idu
Tonara
Baunei
I. di Mal di Ventre
Villanova Strisaili
Cabras
Tirso
Arbatax
Meana Sardo
Flumendosa
Oristano
Tortoli
Lanusei
Laconi
Seui
Golfo di Oristano
Gairo
Bari Sardo
Ales
154
155
156
Arborea
Sadali
Capo d. Frasca
Barumini
L. del Flumendosa
Tertenia
Orroli
Uras
Perdasdefogu
Collinas
Mandas
Marina di Arbas
Villanova-franca
Escalaplano
Lago Mulargia
Guspini
Ballao
Arbus
S. Andrea Frius
C. Pecora
Villacidro
Armungia
S. Vito
Samassi
Monastir
Buggerru
Dolianova
Muravera
San Sperate
S. Priamo
Iglesias
Decimomannu
Gonnesa
Uta
Quartu
C. Ferrato
Villamassargia
S. Elena
Castiadas
Portoscuso
Cagliari
157
158
159
Carbonia
Montessu
Solanas
I. di S. Pietro
la Maddalena
Villasimius
Capo Carbonara
Sant' Antioco
Sarroch
Golfo di Cagliari
I. dei Cavoli
Giba
Pula
Pto. Pino
Teulada
I. di S. Antioco
Capo Sperone
Chia
I. il Toro
C. Teulada
Capo Spartivento

LEGENDE

1 Route 1 - WENN STEILHÄNGE UND BERGE DIE TRAUMHAFTEN SANDSTRÄNDE KÜSSEN

2 Route 2 - PARADISISCHE KÜSTE UND EINE HAUPTSTADT ZUM VERLIEBEN

3 Route 3 - AUF ENTDECKUNGSREISE IN DIE SARDISCHE URSPRÜNGLICHKEIT

4 Route 4 - SCHROFF, EINSAM, NATURNAH UND ROMANTISCH

5 Route 5 - KNORRIGE EICHEN, HISTORISCHE STÄTTEN, SMARAGDGRÜNES MEER

6 Route 6 - SARDINIEN IN 14 TAGEN - CAMPER-KINO VOM FEINSTEN

Autobahn mit Anschlussstelle

SS131 Schnellstraße

Fernstraße

Hauptstraße

Nebenstraße

Sonstige Straße

Fahrweg

Eisenbahn

Flüsse

See

Bebauung

Natur-, Nationalpark

Staatsgrenze mit Grenzübergang

C 10 Campingplätze

S 10 Stellplätze

Sehenswürdigkeit - Kultur

Sehenswürdigkeit - Natur

Kirche

Kloster

Klosterruine

Schloss

Schlossruine

Museum

Höhle

Windmühle

Leuchtturm

Aussichtspunkt

Flughafen

HUBER KARTOGRAPHIE

N

0 10 km

1 : 333.000

A
B
C
D
1
2
3
4
5
6
Toulon, Marseille
Genova
Propriano
Golfo dell' Asinara
Parco Nazionale dell'Asinara
Isola Asinara
Punta Caprara o dello Scorno
Torre Arena
Cala Arena
Capo Molla
Punta d. Scomunica
408
Elighe Mannu
Case Bianche
Punta Sabina
Cala d'Oliva
Porto Mannu d. Reale
Ossario Austro-Ungarico
Piano Mannu
318
Campu Perdu
Trabuccato
la Reale
Punta Trabuccato
Punta Tumbarino
Tumbarino
Rada della Reale
Cala Scombro di Dentro
Punta Maestra Fornelli
265
Cala Scombro di Fuori
Castello dell'Asinara
Fornelli
Santa Maria
Punta Barbarossa
Capo del Falcone
Torre Pelosa
Torre d. Finanza
Isola Piana
Rocca Ruja
Rada dei Fornelli
Torre Falcone
141
M. d. Crocetta
Punta Negra
Le Velle
Stintino
Punta Scoglietti
Capo Coscia di Donna
Cuile S. Lorenzo
Cala di Capotagliato
Tonnara Saline
Torre d Saline
Stagno di Casaraccio
Coda della Carasanta
Cuile Nuovo
S 602
Isola dei Porri
Nodiggheddu
S 501
Punta Rumasinu
122
Stagno di Pilo
Issi
Cabu Aspru
Punta Furana
112
Monte Elva
Minciaredda
Porto Torres
S. Gavino a Mare
Grotta dell'Inferno
Zona Industriale
Basiklika San Gavino
Torre di Abbacurrente
Riviera di Sorso
Marina di Sorso
Eden Beach
Maritza
Punta Tramontana
Villa Romana
Peruledda
Cant. de Fo
Bacchile
C.Bellimpiazza
Scoglio Businco
Pozzo S. Nicola
Punta de lu Nibaru
Lampianu
Scala Erre
Margone
Rosario
Platamona Lido
Ebba Fissa
Biancareddu
Cantoniera Balona
Necr. di su Crucifissu Mannu
S. Michele di Plaianu
Nur. S. Biagio
Sorso
Sennori
F. Silis
S. Lorenzo
Capo Mannu
Canaglia
la Pedraia
S. Barbara
Rio d'Astimini
M. Alvaro
342
Speranza
ex SS131
Ottava
San Michele
Funtana Niedda
S. Pasquale
Punta de lu Pisanu
238
P. Pedru Ghisu
305
Mandras
SS131
la Crucca
Rio Mannu
San Giovanni
M. Taniga
418
S. Vitt
la Lacuna
Palmadula
C. S. Giorgio
C.Deroma
Campanedda
SP42
Truncu Reale
Viziliu
Sant'orsola
M. i Piani
489
Argentiera
lu Laccu
la Corte
Liori
Villa romana S. M. del Cardo
li Punti
Sassari
Duomo
Capo dell'Argentiera
Monteforte
Ioanne abbas
Bazzinitta
Macciadosa
Punta Manna
S. Gavino
Predda Niedda
Cuili Intrada noba
M. Forte
464
C. elighe Longu
Case Saccheddu
Bancali
la Landrigga
Caniga
Museo Archeologico
Pala Mart
444
Punta lu Caparoni
C.l'Eremita
sa Corruda
Giagu de Serra
SS291var
R. Mannu
Molafa
M. Trobe
324
Torre Negra
L. Baratz
M. Zirra
215
su Pirastru
Tottubella
Case Venturi
Tissi
Ossi
Muros
SS131
Porto Ferro
S. Maria la Palma
SS291
SS291var
Cant. Ferru Ezzu
Torre Bantine Sale
Cala del Turco
Villa Assunta
San Marco
Nur.sa Femina
Labiolu
Usini
Cargeghe
Codrong
Nur.sa Chintosera
Torre del Porticciolo
M. Siseri
119
Piani
Olmedo
Nur. de Paulis
Florina
Puntetta d. Ghisciera
Cala Viola
Guardia Grande
M. Doglia
437
Aeroporto Int. di Alghero Fertilia
SP42
Rio su Mattone
M. Miale Ispina
267
Scala Cavalli
Cant.
Nur. su Cuttu
Uri
287
M. Casillones
Pala Pinza Manna
S. Antonio
Parco Regionale
Porto Conte
Necropoli di Santu Pedru
Montemesu
Lago di Cuga
Rio Cuga
Cala d. Barca
M.Timidone
361
Mugoni
Porto Conte
N. de Glorìa
sa Segada
Mamuntanas
St.
Cant. Rudas
M. Crasta
275
Nur. sa Curdiola
Idale
Ittiri
Isola Piana
Torre d. Pegna
Torre del Tramariglio
Maristella
Fertilia
R. Barca
Surigheddu
M. Uduia
312
Maiore
Nuraghe Runara
Cant. Pianu
Isola Foradada
Torre d. Bulo
M.Rudedu
173
Grotta Verde
C 603
151
C. Ar... Custode
M. Maiore
Putifigari
M. Gherra

E
F
G
H
S. Teresa Gallura
Capo Testa
S. Reparata
Porto Pitrosu
la Colba
C 601
C 503
Ciuchesu
Cala Vall'Alta
Rena Maiore
Capo di M. Russu
Punta di li Francesi
Porto Canneddi
S. Silvestro
Portobello di Gallura
l'Agnatá
Vignola Mare
Nur. Tuttusoni
Stazzi M. Ruiu
Cala di Faa
Golfo de li Noli
Tamburu
Cala Sarraina
Vaccaggi
Costa Paradiso
P. Cruzitta
267
Porto Leccio
Monte Tinnari
214
Punta li Canneddi
Baia Trinita
I. Rossa
Isola Rossa
Paduleddu
la Scalitta
Badesi Mare
Baia d.Mimose
Badesi
C 502
S. Pietro a Mare
P. Campulandru
la Ciaccia
la Muddizza
Multeddu
Codaruina
Valledoria
S.Maria Coghinas
Roccia l'Elefante
Signora Tergu
Tergu
Littigheddu
M. Ena
Bulzi
Sedini
M. Entosu
532
Alvu
Piana Ederas
597
Orcu
S. Pietro di Simbranos
Laerru
Grotta su Coloru
Pedra Fulcada
Nulvi
Martis
Foresta Pietrificata
M. Iscoba
629
Attalzu
Chiaramonti
Malettori
S. Giusta
P. s'Istatu
717
Nur. Tetti
C. Ispadula
M. su Contru
449
M. Sante Giulia
617
Polcalzos
Ploaghe
M. Mura
481
M. Pittu
488
Maltinzana
M. Pubulena
459
Nur.de Riu Runaghe
Ardara
C. Paule
M. Ruiu
536
Casa Pischina Tereme
M. Santo
733
M. Lachesos
546
Oppia
Siligo
S. Pietro Martiri
S.Antonio de li Colti
Trinità d'Agultu
la Tozza
Muntiggioni
Azzagulta
lu Razzoni
Viddalba
Pedrumalu
Castel Doria
M. Ruju
530
M. Mesu
149
S. Giorgio
sas Ladas
Perfugas
Nur. su Crablone
Modditonalza
S. Pietro Poligosu
Bullone
Oloitti
Punta Ispiene
418
Nur. su Agantino
C. Ruiu
Tenuta Madau
Cant. Carralzu
Monzu
C. Ena Longa
C. sa Cucurra
M. Furros
352
Cant. Pianu Ladu
M. Salattu
338
C. Lipperi
Chilivani
Frebedu
Cantoniera Udulia
Nigolaeddu
M. Littigheddu
693
Tungoni
l'Arvu
Giagazzu
Giuncana
Scopaggiu
Alvarizzu
sa Contra
sas Contreddas
Lumbaldu
Campudulimu
Muru Traessu
erula
Tettile
sa Mela
M. sa Sia
612
M. Nieddu
607
Tula
M. su Crastu Ruiu
286
Ruiu
N. Signora di Coros
Cantoniera Bulvaris
Burghidu
N. Signora di Castro
Castello Castro
Lago del Coghinas
Rio Mannu
Ponte Romano
Cant. sas Piras
Nur. sa Chenna
S. Nicola
Mannu
Monserrato
Jannas
Nur. su Nelo
S. Michele
Tarra Padedda
Santu Jacu
Cantoniera Iuncu
S. Filippo
Rio Tutturi
Nur. Izzana
M. Pinna
680
S. Croce
Aggius
Punta Salici
911
Figaruia
Bortigiadas
Fumosa
Fermata Scala Ruia
S. Bachisio
l'Agnata
M. Fulcaggia
448
Rocchi
M. Muros
787
Coghinas
Cant. Turrina
S. Leonardo
Monti Longu
lu Colbu
M. Giun-ccana
545
Punta di la Aldiula
611
San Biagiu
lu Palazzu
Pulcaggi
Nur. d'Agliacana
Aglientu
Malti
Punta Cappeddu
314
P. la Festina
367
li Ferroli
Stazzo Jaconi
la Traessa
M. Abbalata
636
Cant. Scupetu
Monte Pulchiana
Serra di lu Tassu
765
la Casedda
Stazzo Rosadolza
Cant. Padulo
Naracu Pilea
Nur. Maiori
Nuchis
Tempio Pausania
Fonti d. Rinagghiu
Stazzo Capretta
M. di Deu
669
Can. Curadureddu
Baldu
Badu Mesina
lu Colbu
828
Vallicciola
Mad. d. Neve
M. Alturina
1086
M. Sampulla
1086
Punta Balistreri
1359
Montalvu
995
M. Nuddoni
1231
Berchidda
493
M. Acuto
Nur. Mannu
Cant. Pedredu
Oschiri
N. Signora di Otti
S. Demetrio
Mastru Francisciu
Nur. s'Abba Salida
M. Ulia
304
Cant. Monti Uri
C. Pittinnuri
Longu
M. Badde Chercu
387
M. Pedralonga
729
Sant'Elias
M. Mura
566
Rio Bunne
M. Pedrosa
560
M. Orulo
742
M. sa Figuruia
507
su Nodulada
Rio di Oschiri
Nodu sa Triedda
844
P. Juanne Osile
812
M. Lerno
1093
Pattada
Bantine
Punta M. Baideumene
SS597
SS199
SS63
SS133b
Nur. d'Antanceddu
Litichedda
S. Giovanni
P. Bandiera
296
Capriolu
Campovaglio
Bassacutena
Camporotondo
Colti
Crisciuleddu
Luogosanto
Ciabattu
la Moca
S. Trano
Sant' Antonio
M. Padru
587
S. Michele
S. Pietro
S. Baltolu
Lago di Liscia
S. Leonardo
Rio Carana
la Maciona
Luras
P. lu Colbu
472
Cant. Catala
Calangianus
M. Petreddu
798
M. Tundu
831
Cant. Larai
M. la eltica
598
S. Salvatore di Nulvara
sa Soliana
615
Nur. su Mandrione
Cant. Tucconi
Nur. de Mandras
Badu Alzolas
Cant. Concarabella
M. Figos
641
P. Giuann Anghelu
625
Punta Candelattu
837
Nodu Giahodolzos
694
Punta sa Mesa
925
Ala dei Sardi
S. Francesco
Punta Covecada
913
M. Ladu
396
M. Alvu
826
S. Reparata
Sa Serra
Rio Terramala
Rio sa Conca
Marazzino
la Ficaccia
Ruoni
Capizza di Vacca
la Licciola
126
Valle dell'Erica
Conca Verde
Val di Mela
Porto Pozzo
Serr Curichena
474
Giammaleu
Barrabisa
Stazzo Macchia de li Vacchi
S. Pasquale
M. Pauloni
361
M. lu Sulianu
284
Michele
Zirrulia
Trigghia
S. Giovanni
la Piana
S. Simpliciu
S. Lussurgiu
Nur. Balaiana
li Casareddi
Vignali
Capriuleddu
l'Agnata
M. Foci
331
I. Monica
Teravecchia
Portoquadro
Punta Falcone
Isole Marmorata
I. Spargiotto
la Marmorata
P. Monterosso
Isola Spargi
Monti
Peddiu
1
2
3
4
5
6
150
152

A
B
C
D
1
2
3
4
5
6
I. la Presa
I. Corcelli
Punta Marginetto
Porto Massimo
C 504
C 600
Parco Nazionale
Arcipelago
Isola Maddalena
Punta Galera
Riserva Naturale Isola di Caprera
Isola Caprera
Vill. Piras
Casa di Garibaldi
I. Monaci
Moneta
Stagnali
di La Maddalena
I. Pecora
I. d. Bisce
dell'Arcipelago
I. dei Cappuccini
Capo Ferro
Costa Smeralda
Isola S. Maria
Isola Spargi
Madonnetta
La Maddalena
S. Trinita
Palau
Capo d'Orso
Golfo di Saline
Capannaccia
SS125
Can. Cuconi
Punta Battistone
Liscia di Vacca
Rena Bianca
Baja Sardinia
Porto Cervo
Porto Paglia
Golfo Pero
Isole di li Nibani
Golfo Olivi
Cala bitta
Piccolo Pevero
Pevero
Capo Capaccia
di La Maddalena
Isole Poveri
Scogli Mortorietto
I. Mortorio
Isole le Camere
I. Soffi
Capriccioli
Cala Volpe
Abbiadori
P. Baignoni
197
Tanca Manna
Laconia
Cannigione
Punta Martino
336
Punta Occhione
387
M. Canu
396
Valdareddu
Concosu
Braniatogghiu
M. Ruju
260
Bilianu Saldu
Arzachena
Mulino di Arzachena
Nur. Malchittu
S. Michele
S. Pantaleo
M. Villico
230
Aglientina
Cala Razza di Giunco
Golfo di Congianus
Punta d. Volpe
Portisco
Tomba di Li Lolghi
Tomba di Coddu Vecchiu
Cudacciolu
Can. Saraghinu
S. Chiara
Cugnana Verde
Punta Cugnana
650
Porto Rotondo
Golfo di Marinella
Punta d. Canigione
M. Canareddu
199
Cugnana
Rudalza
Marana
Golfo Aranci
Capo Figari
323
P. di Montilongu
Montilongu
SS125
Casagliana
S. Antonio
Baia Caddinas
N. S. de su Monte
Golfo d. Aranci
I. di Figarolo
Grucitta
S. Giacomo
P. Linu Petrosu
642
Silvareddu
Sole Ruju
Mad. d. Grazie
Turrata
P. sa Turritta
416
Cala Sassari
P. d. Casette
Nodu Pianu
SP82
Bados
Pittulongu
Golfo di Olbia
M. Puzzu
M. Pino
742
Muddizza
Stazzi Pinnacula
S. Vittore
Torre sa Istrana
S. Paolo
Olbia
Pozzo Sa Testa
P. di Filio
Punta Rujia
Priatu 740
Stazzo Sarraoddastru
Portu Lido d. Sole
Qualtu
I. d. Bocca
Capo Ceraso
Punta Timone
Area Marina Protetta
I. Tavolara
I. Barca Sconcia
Tavolara-
Can. Putzolu
San Simplicio
Padrogiano
li Cuncheddi
Costa Romantica
S. Bacchisi
P. lu Lutagiu
274
li Furreddi
lu Canali
C. su Canali
Aeroporto Internazionale di Olbia-Costa Smeralda
Le Saline
Murta Maria
I. Piana
Costa Corallina
P. Don Diego
Costa Dorata
Porto Taverna
I. Molarotto
I. Molara
Capo Coda Cavallo
Tre Fratelli
S. Angelo
Spirito Santo
Porto S. Paolo
Aldia Bianca
Porto Molara
Vill. Le Farfalle
Capo Coda Cavallo
Telti
Castello Pedreso
SS131 D.C.N.
SS125
M. Ruju
316
Vaccileddi
Giaddoni
M. Fulcadu
402
Aratena
Frades Tilignas
Enas
Loiri
Montilittu Mannu
Monte Petrosu
Punta Altora
340
la Palazzina
SS199
su Canale
Zapalli
C. Trudda
S. Giusta
Marina di lu Impostu
Punta Aldia
Punta Sabbatino
Nur. Pertuncas
Berchiddeddu
P. Zarabaddo
389
lu Stazzareddu
S. Giovanni
P. Giagu Cuppone
567
Contra Quadrada
613
Andria Puddu
Azzani
Nuragheddu
C 100
la Cinta
C 613
C 505
sa Castanza
Trainu Moltu
C. sos Rueddos
530
M. Piano
Battista
Budo
Biaxi
Traversa
Terrapadedda
S. Teresina
P. sa Pruna
695
Cant. Zuighe
Mamusi
M. sa Pianedda
820
Padru
Punta lu Casteddacciu
828
San Teodoro
M. Miriachoddu
144
Punta Isuledda
Punta d'Ottiolu
Punta de li Turchi
Straulas
Luddui
Berruiles
Ottiolu
Agrustos
Bilgalavo
li Cucutti
P. Tantariles
739
Sozza
Contro-branca
653
Punta Maggiore
971
su Tirialzu
Punta Ittia
883
Cuzzola
Can. Mazzinaiu
Ludurru
sa Serra
Conca d'Attu
578
sos Rios
Majorca
Limpiddu
S. Gavino
Golfo dell'Asino
Punta dell'Asino
Portu Ainu
Tanaunella
Isola dei Pedrami
M. Sempio
Genova
La Spezia, Porto-Vecchio
Porto-Vecchio
Genova, La Spezia
Napoli
La Spezia
Livorno
Civitavecchia
Civitavecchia
Fiumicino
Arbatax
149
153
1
6
6
1
1

Sassari
Museo Archeologico
Argentiera
Capo dell'Argentiera
Palmadula
Monteforte
M. Forte 464
Intrada noba
C.l'Eremita
Punta lu Caparoni
Torre Negra
Porto Ferro
Torre Bantine Sale
Cala del Turco
Villa Assunta
M. Zirra 215
S. Maria la Palma
San Marco
Torre del Porticciolo
Puntetta d. Ghisciera
M. Siseri 119
Guardia Grande
M. Doglia 437
Parco Regionale
Aeroporto Int. di Alghero Fertilia
Olmedo
Uri
Usini
Tissi
Ossi
Muros
Cargeghe
Ittiri
Codrongianos
Florinas
Piani
Mamuntanas
sa Segada
Fertilia
Maristella
Porto Conte
N. de Giorba
M. Timidone 361
Mugoni
Isola Piana
Torre d. Pegna
Torre del Tramariglio
Torre d. Bulo
M. Rudedu 173
Isola Foradada
Grotta Verde
Grotta di Nettuno
Grotta dei Ricami
Capo Caccia
P. d. Giglio
C. Galera
Area Marina Protetta Capo Caccia-Isola Piana
Alghero
C 603
C 500
Surigheddu
Lago di Cuga
M. Crasta 275
M. Udula 312
M. Maiore 331
Putifigari
C. Angelo Custode
Cala Bona
S. Anna
M. Pettenadu 349
Cuiles Canisfreddu
M. Barate 162
Cantoniera Scala Piccada
M. Arviganu 459
Punta sa Casa 507
Villanova Monteleone
P. Padrebella
Cala Burantinu
Torre Poglina
Ravaneddu
Cantoniera Monte Fulcadu
Punta Ena Tunda 493
M. Santa Maria 697
Monteleone Rocca Doria
Romana
sa Mesa de s'Attentu
Torre Badde Jana
Seno de sa Pazzos
M. Teti 590
Palazzo Minerva
M. Minerva 644
M. Ruiu 668
Porto Tangone
Scuola Agraria
C. S. Maria
S. Francesco
M. Mannu 802
Montresta
Cala Ittiri
Isola Pagliosa
P. Sos Attentos 252
M. Pittada 788
Badde Orca
M. Badde Fae 477
Porto Baosu
Capo Marargiu
Cala Giuncheza
M. Pedru 410
Padria
Torre Argentina
s'Abba Druche
C. Tinniri
C 408
C 604
Bosa
Bosa Marina
Isola Rossa
Modolo
Magomadas
Suni
Tinnura
Flussio
Sagama
Turas
S. Maria d. Mare
M. Lono 205
Porto Alabe
Tresnuraghes
Torre Columbargia
Scogli Corona Niedda
Sennariolo
Scano di Montiferro
Cuglieri
Punta de Foghe
Capo Nieddu
M. Tuvonari 769
Monte Ferru
M. Urtigu 1050
Santu Lussurgiu
Cant. Tega
M. Sa Tuppa 178
Torre Pittinuri
S. Caterina di Pittinuri
Torre su Puttu
s'Archittu
Fattoria Pilli
P. Mandronisca 896
M. Mesu'e Roccas 584
M. Rassu
SS291
SS291var
SS131
SP42
E
F
G
H
1
2
3
4
5
6

148
152
154

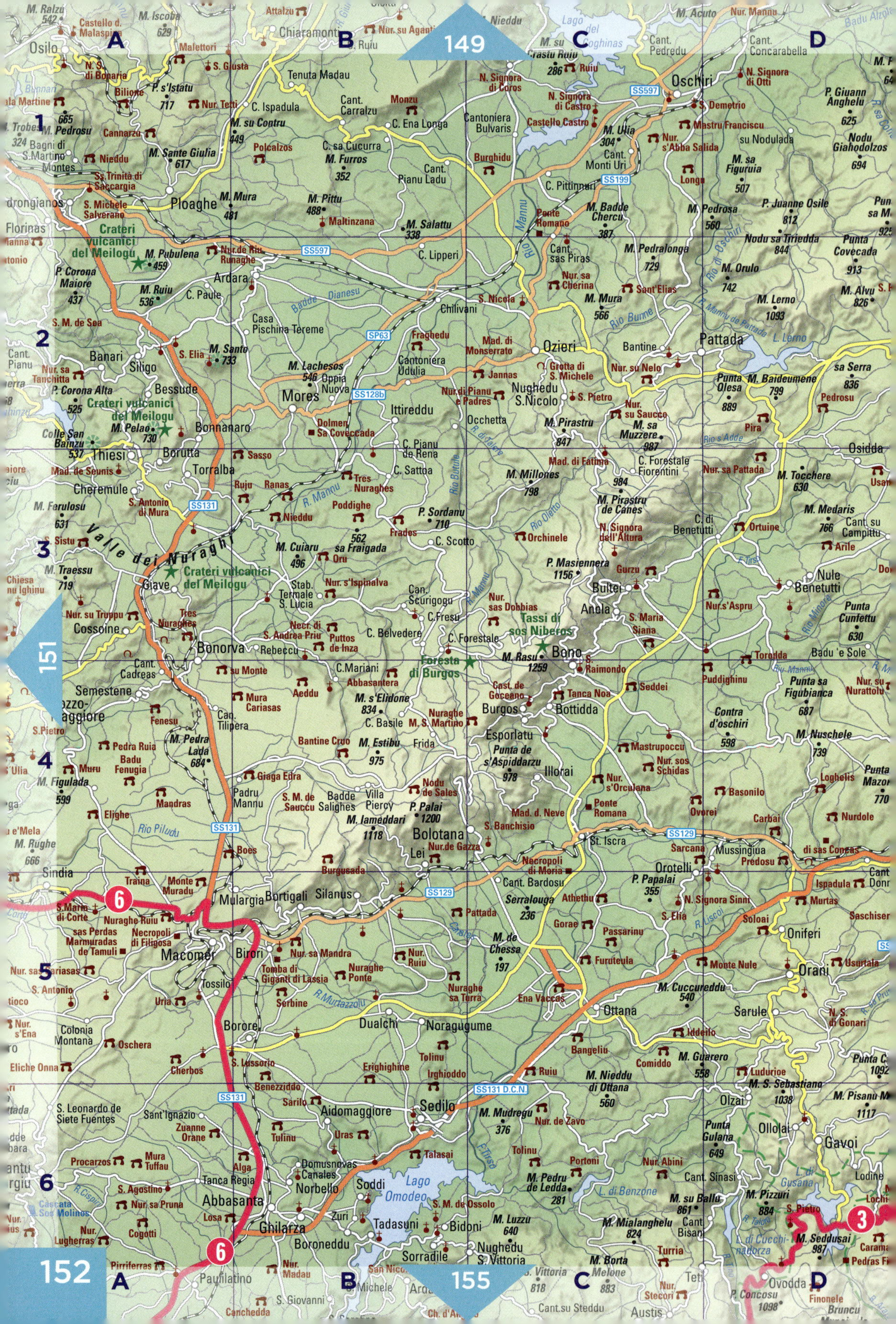

149
151
155
A
B
C
D
1
2
3
4
5
6
Osilo
Chiaramonti
Oschiri
Ploaghe
Crateri vulcanici del Meilogu
Ardara
Chilivani
Ozieri
Pattada
Banari
Siligo
Bessude
Mores
Ittireddu
Nughedu S.Nicolo
Thiesi
Bonnanaro
Borutta
Torralba
Cheremule
Valle dei Nuraghi
Giave
Cossoine
Bonorva
Rebeccu
Semestene
Bono
Bottidda
Burgos
Esporlatu
Illorai
Foresta di Burgos
Tassi di sos Niberos
Anela
Bultei
Benetutti
Nule
Osidda
Bolotana
Lei
Orotelli
Oniferi
Orani
Sarule
Ottana
Macomer
Birori
Bortigali
Silanus
Mulargia
Sindia
Bortigali
Dualchi
Noragugume
Borore
Sedilo
Aidomaggiore
Olzai
Ollolai
Gavoi
Abbasanta
Norbello
Ghilarza
Soddi
Lago Omodeo
Tadasuni
Boroneddu
Sorradile
Bidonì
Nughedu S.Vittoria
Paulilatino
Ovodda
SS597
SS199
SS128b
SP63
SS131
SS129
SS131 D.C.N.
6
3

150
156
E
F
G
H
1
2
3
4
5
6
S. Teresina
Fighizzola
Cant. Zuighe
M. Olia
811
695
Mamusi
M. sa Pianedda
820
P. Tantariles
739
Padru
Punta lu Casteddacu
San Teodoro
Punta Isuledda
M. Miriachoddu
Punta d'Ottiolu
Punta de li Turchi
Straulas
Ottiolu
Agrustos
Lutturai
Berruiles
Bilgalavò
li Cucutti
Golfo dell'Asino
Punta dell'Asino
Portu Ainu
Tanaunella
Isola dei Pedrami
Punta la Batteria
Punta Orvili
Contro-branca
653
Punta Maggiore
971
Sozza
Cuzzola
su Tirialzu
Punta Ittia
883
Badde Suelzu
Can. Mazzinaiu
Corrugunele
Filuelepere
Luduriu
sa Serra
Conca d'Attu
578
S. Elia
M. Sempio
828
sos Rios
su Cossu
Brunella
Maiorca
Strugas
S. Pietro
Limpiddu
S. Gavino
Talava
Tamarispa
S. Lorenzo
M. Longu
231
M. Marta Curquita
194
Nur. Tilibbas
S. Michele
Presinsainu
Case Scalapedrosa
Badu Andria
Piras
Pedra Bianca
Concas
Sardi
R. Bolloro
F. di Posada
644
P. Praminas
P. Tepilora
528
Posada
Castello della Fava
Torpe
F. di Posada
Lago di Posada
sos Sonorcolos
Punta Artaneddu
786
Punta Manna
657
Pizzinno
Punta Gortomedda
555
Gorropis
S. Giovanni
la Caletta
s'Arenargiu
S. Elena
SS131 D.C.N.
sa Petra Ruja
S. Lucia
Cala Ginepro
Siniscola
Avidi
Isteddulì
Can. S. Anna
Can. sas Argiolas
Grotta Cane Corbos
S. Giuseppe
Punta Pianedda
835
Punta sa Donna
1019
S. S. Annunziata
Lode
Punta Olovica
892
Ortuidda
Mamone
Salcra
Punta Oltoari
848
Nuragheddu
Cuccuru sas Pedras Nieddas
633
Canoniera Guzzurra
1050
Punta su Mutucrone
s'Ena 'e sa Chitta
Salina Manna
Isola Ruia
su Tilio
Punta Unnichedda
433
Capo Comino
Artora
Capo Comino
Punta Ioanneddu
244
Punta dei Mioli
Nortiddi
Cogoli
Temi
Can. Chichili
Punta Sestantarile
700
Francu Serraoro
643
Guzzurra
Canoniera Ianna'e Rughe
Punta Gurturgius
585
M. Senes
862
Norghio
Rio Berchida
Cant. Berchida
Spiaggia di Berchida
Parco Naturale di Biderosa
Garofai
S. Miracolo
Onani
sa Serra 'e s'Era
639
S. Matteo
Bitti
Lula
M. Turuddo
1127
Grotta Omires Agrestes
Punta su Grabellu
826
S. Elene
Punta sa Nuche
521
Sos alinos
Stagno de sa Curcurica
Punta Ginepro
Cala Ginepro
Francu sa Capra
842
S. Francesco
Luninie
Porchetta
Galile
P. Casteddu
622
Cuccuru de Costi
459
S. Michele
Gherdone
M. Oddie
267
Can. Mutrucone
Cala Liberotto
Cuccuru su Pirastru
914
Orune
Linnarta
Caraucu
Loculi
Irgoli
Onifai
Chilivri
Fuile Mare
Cala Fuile Mare
S. Efisio
Mad. su Consolu
Fonte sacra su Tempiesu
Conca de Janas
Puzzittu
F. Sologo
Galtelli
Portu
S. Lucia
Punta Nera
Orosei
Foce del Cedrino
Marina di Orosei
S. Caterina
Tomba Giganti S'Ena 'e Thomes
SS131 D.C.N.
Rio Isalle
M. Isalle
494
Punta'e sa Lunavera
479
Lollove
799
Cant. Paludi
N. su Gardu
Nur. d'Ordignai
C 611
C 101
Villaggio Nuragico Serra Orrios
Punta Murittu
698
Mad. di Valverde
Can. Manasuddas
la Traversa
Dudurri
C. Putzu
Cala di Osalla
Nur. de Sortei
Grotta dei Colombi
Cala di Cartoe
Nuoro
N. S. de Monte
Nur. su Casteddu
Nur. Arrennegula
Grotta di Ispinigoli
Spirito Santo
M. Irveri
616
Grottone di Biddiriscottai
Museo del Costume
Nuraghe sa Luzzana
Rio d'Oliena
Can. Iriai
Dorgali
Arvu
C 102
Cala Gonone
C 610
Oliena
S. Giovanni
M. S. Elena
514
M. Tului
915
N. S. del Buonca-mmino
Can. Nece Secca
Caletta Fuili
M. Cusidore
1147
Grotta sa Oche
Grotta su Bentu
Golfo di Orosei
Francu Padulas
739
Punta Corrasi
1463
Parco
Villaggio Nuragico Tiscali
Punta Iline
299
Grotta Nuova
Grotta del Bue Marino
Cala di Luna
Can. Iannas
Supramonte
Punta Solitta
1206
Su Suercone
Punta Alidurri
907
Grotta de Mocco
Orgosolo
Nazionale
del Golfo
S. Anania
C 303
Cant. Bidicolai
Punta sa Pruna
1416
Goroppu
Punta Scala Manna
1012
Cala Sisine
Cuccuru'e Paza
1093
Punta de sos Curoz
1289
Passo di Silana
Grotta su Miracolu
Cala Biriola
Grotta Fiori di Cristallo
di Orosei
Genna Silana
C 609
Ovette Malu
1141
Ovette Cannas
Grotta del Fico
M. Novo S. Giovanni
1316
M. Unnoro
1184
Perdusaccu
Cala Mariolu
Punta Ispuligi
Delarana
Funtana Bona
Genna Cruxi
Solloju
Cala Goloritze
Ortotitta
906
Cant. Giustizieri
764
Bruncu e'Pisu
629
Punta Caroddi
Punta Goloritze
1118
Mamurone
M. Pisaneddu
1256
Urulei
S. Pietro
Scalas
Sterru
M. Trattasu
774
Capo di Monte Santu
Arcu Correboi
1246
M. Pipinari
M. Fennau
1013
Fortezza

A
B
C
D
151
157
1
2
3
4
5
6
Nur. Maggiore
Oratiddo
M. Urtigu 1050
Santu Lussurgiu
Ferru
M. Sa Tuppa 178
Fattoria Pilli
P. Mandronisca 896
Nur. Nargius
Torre Pittinuri
S.Caterina di Pittinuri
la Madonnina
Ospizia Scala
Torre su Putto
s'Archittu
Nur. Cornus
M. Mesu'e Roccas 584
Ponte Roma
Seneghe
Rio Pischinappiu
M. Rassu 475
Su Pallosu
Sa Rocca Tunda
Stagno de is Benas
Narbolia
Milis
Sa Marigosa
Capo Mannu
Spinarba
Porto Mandriola
Nur. Tradori
Putzu Idu
s'Arena Scoada
Stagno Sale Porcus
Nur. s'Urachi
San Vero Milis
Pauli Murtas
Francisca Perra
Riola Sardo
Tramatza
Biancu
Baratili
Zeddiani
Isola di Mal di Ventre
Civas
Capo sa Sturaggia
Nurachi
S. Pietro
Goau
Area Marina Protetta
Mari Ermi
Caorabus
Stagno di Cabras
Solarus
Is Arutas
Donigala Fenugheddu
Massama
Penisola del Sinis
C 407
Cadaane
Cabras
Nuraxinieddu
Suergiu
S. Salvatore
Solanas
Sili
Isola di Mal di Ventre
Punta Maimoni
Oasi di Seu
Giovanni Nieddu
Peschiera Pontis
Torre Grande
Oristano
Fenosu
Torre del Sevo
Stagno di Mistras
Duomo
Funtana Medica
Tombe Romane
S. Giovanni di Sinis
S. Giusta
Isola il Catalano
Tharros
Sant'Elia
Stagno di S. Giusta
Nur. Nuraciana
Capo San Marco
Golfo di Oristano
Spiaggia di S.Giusta
Cant. Sant'Anna
Zona Umida s'Ena Arrubia
C 406
s'Ena Arrubia
Sassu
6
s'Ungroni
Zona Umida Peschiera di Corru s' Ittiri Stagno di San Giovanni e Marceddi
Arborea
Capo della Frasca
Cala Brigantino
Punta Funtanas
Punta Corru Mannu
Tanca Marchese
Spiaggia sa Niedda
Pompongias
Punta su Zinipiri
Porto Terrexi
Torrevecchia
Bauta Mastino
Sant'Antonio di Santadi
Marceddì
Luri
Punta de s'Aschivoni
Stagno di Marceddì
Linnas
Terralba
Golfo di Porto Pistis
Pistis
Stagno di S. Giovanni
R. Mogoro
S.Nicolò d'Arcidano
Torre di Flumentorgiu
S. Maria di Neapoli
Casa Puxeddu
Torre dei Corsari
M. Ois 298
Porto Palma
Porto sa Murla
M. s'Olioni Mannu 402
M. Funesu 555
F. Sitzerri
Punta su Covia
sa Tellura
Pardu Atzei
Bruncu Maddeus 89
C. Scanu
M. Perdosu 345
Colonia M. na Funtanazza
Nur. Melas
Cala Campu Sali
Marina di Arbus
M. Arcuentu 785
Nur. Fortezza
M. Urralidi 151
Portu Maga
S 405
Montevecchio
Piccalinna
C. Murgia
Rio Piscinas
Arcu sa Tella 393
Punta s'Accorradroxiu 726
Vill. Righi
Piscinas
Guspini
C 404
Casargiu
C. Loi
Arbus
Costa Verde
Punta su Pinnoni 273
Naracauli
Ingurtosu
4
C. Atzeni
S. Cosimo
Bau
Gonnosfanadiga
Scivu
Gennamari
Cant. Bidderdi
C. Marigosa
Punta Mairu 724
Monte Linas
Monte Cidro
Parco Regionale del
Punta Perda de sa Mesa
C 403
R. Mannu

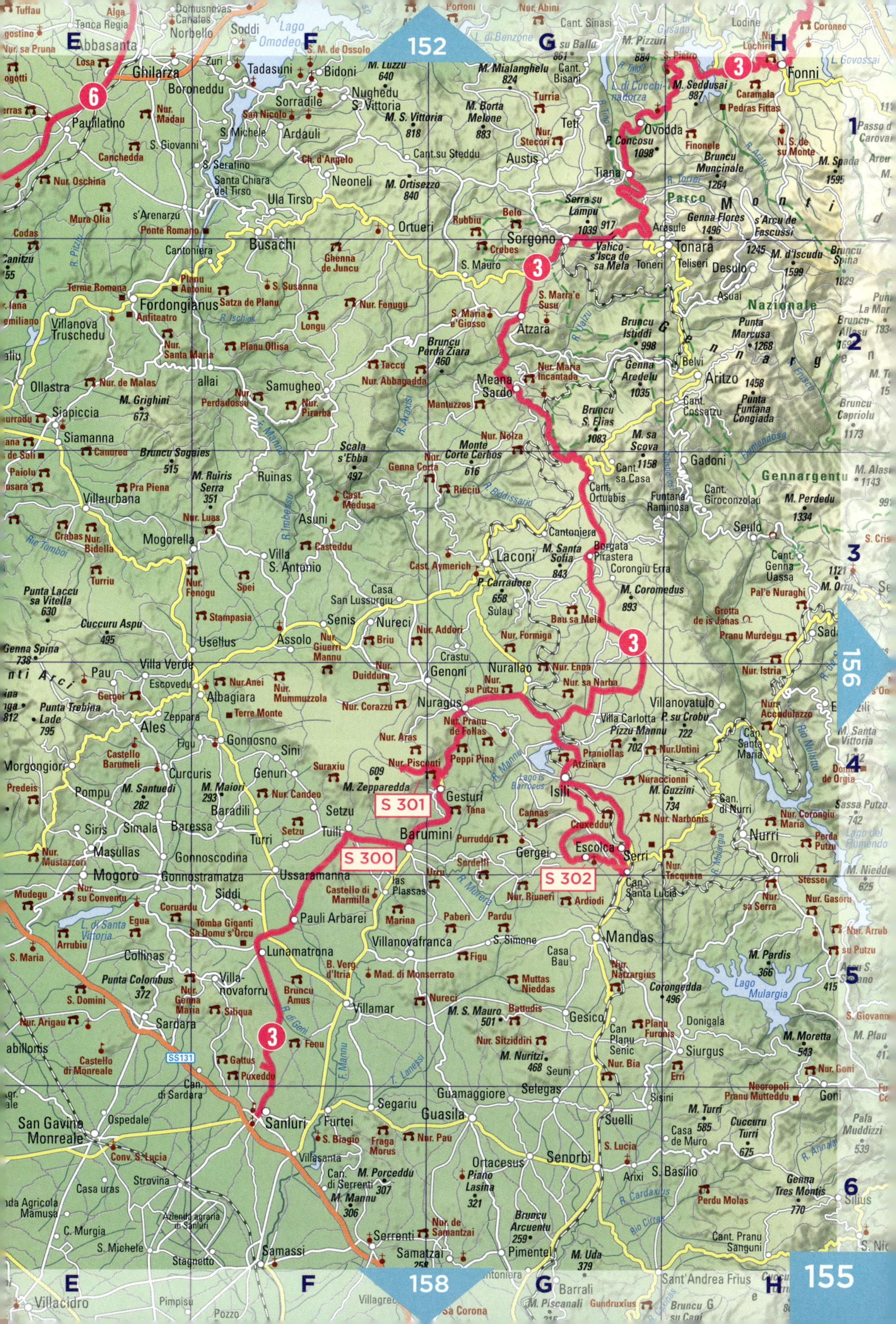
Abbasanta
Ghilarza
Norbello
Soddi
Lago Omodeo
Tadasuni
Bidoni
Boroneddu
Paulilatino
Sorradile
Nughedu S. Vittoria
Ardauli
S. Giovanni
Neoneli
Ula Tirso
Busachi
Ortueri
Sorgono
Atzara
Meana Sardo
Tiana
Ovodda
Fonni
Tonara
Desulo
Aritzo
Belvi
Gadoni
Parco Nazionale
Gennargentu
Fordongianus
Villanova Truschedu
Ollastra
Siapiccia
Siamanna
Villaurbana
Mogorella
Ruinas
Samugheo
Allai
Asuni
Villa S. Antonio
Laconi
Senis
Nureci
Assolo
Usellus
Genoni
Nurallao
Nuragus
Villanovatulo
Seulo
Sadali
Esterzili
Isili
Serri
Escolca
Gergei
Nurri
Orroli
Barumini
Gesturi
Tuili
Setzu
Turri
Baressa
Genuri
Sini
Gonnosnò
Albagiara
Ales
Pau
Villa Verde
Curcuris
Pompu
Simala
Siris
Masullas
Mogoro
Gonnostramatza
Gonnoscodina
Ussaramanna
Siddi
Pauli Arbarei
Lunamatrona
Villanovaforru
Villanovafranca
Las Plassas
Villamar
Collinas
Sardara
Sanluri
Furtei
Segariu
Guasila
Guamaggiore
Selegas
Gesico
Mandas
Siurgus Donigala
Suelli
Senorbì
Ortacesus
Samatzai
Pimentel
Barrali
Serrenti
Samassi
Villasanta
San Gavino Monreale
Villacidro
Lago Mulargia
S 300
S 301
S 302
SS131
3
6
152
156
158

C 609
153
155
159
C 103
A
B
C
D
1
2
3
4
5
6
Urzulei
Genna Cruxi
Cant. Giustizieri
Genna Sarbene
M. Fennau 1013
Genna Scalas 666
Genna Coggina
Genna Arramene
Triei
Baunei
Talana
M. Mundugia 767
Cant. Tzinneberu
R. Pramaera
Pizzu e Serra
ardali
S. Maria Navarrese
Olivastri
Torre S. Maria Navarrese
Golfo di Arbatax
Lotzorai
Donigala
Girasole
Stagno di Tortolì
Tortolì
Arbatax
Villaggio Cala Morisca
Capo Bellavista
Villaggio Telis
Punta Goloritze
Cala Goloritze
Capo di Monte Santu
Su Sterru
M. Trattasu 774
Punta Ginnircu 811
Punta Pecoraro
Pedra Longa
Punta Pedra Longa
Nur. Planargia
Nur. Loppelie
Nunuccoli
Fortezza nuragica
S. Pietro
Bruncu e'Pisu 629
Punta Caroddi
Punta Ispuligi
Grotta del Fico
Cala Mariolu
Sollofu
Ovette
Civitavecchia
Villagrande Strisaili
Villanova Strisaili
M. Orguda 1361
M. Olinie 1372
Bruncu'e Pisucerbu 1348
M. Pisaneddu 1256
M. Unnoro 1184
Silana
Ovette Malu 1141
M. Novo S. Giovanni 1316
Funtana Bona
Delarana
Ortotitta
Mamurone
Passo di Carovai
Arcu Correboi
M. Arbu 1568
M. Pipinari 1400
Cant. Pira 'e Onni
R. Calaresu
Tomba dei Giganti
Buruntascu
Nur. Bau'e Tanca
SS389var
Punta La Marmora 1834
M. Tuddai 1319
M. Terralba 1552
M. Genna Rugi 1307
Lago Alto Flumendosa
Gheddu
S. Efisio
M. Adalicu 393
R. Mirenu
Bruncu Maoro 419
SS125var
Nur. Corrus de Trubutzu
M. Orzili 438
S. Barbara
M. Idolo 1241
Bosco di Selene
Arzana
Elini
Ilbono
Ogliastra
Casa Pisana
Can. Baunuxi
Perd'Aira 1215
M. Armidda 1270
Can. Sarcerei
Lanusei
Perda'e Liana
M. Perda 'Liana 1293
M. Alastria 1143
Genna'e Medau
S. Cristoforo
Gairo Taquisara
Gairo S. Elena
Gairo
Osini Nuovo
Vecchio
Scala di San Giorgio
Grotta su Marmuri
Ulassai
M. Mela 974
Can. Arcueri
Ussassai
Seui
Perda Garcina
Martale
Loceri
M. Paulis 695
Barisardo
Nur. Nurta
S. Salvatore
Turuddis
Sellersu
Nur. Moru
Nur. su Crastu
Spiaggia Cea
Punta su Mastixi
Spiaggia Musculedda
Lido Orri
Gruxi de Ferru
M. Astili 424
Nur. sa Puliga
Ulei
Nur. Musciu
Gairo Cardedu
N. S. del Buoncammino
Marina di Gairo
Museddu
Spiaggia sa Perda Pera
sa Perda Pera
Jerzu
Nur. s'Omu
Coccorone
le Grazie
Nur. Bonu
Casa Meloni
Brocca
Bruncu su Landiri 631
M. Arista 447
R. di Quirra
Spiaggia su Sirboni
Cala Francese
Spiaggia Coccorrocci
Arcu is Crabiolas 889
Punta Corongiu 1008
Santuario Sant Antonio
Nur de Gessidu
M. Arbu 812
Bruncu Niada 838
M. Ferru 875
Punta Cartuccedu 598
Capo Sferracavallo
Monte sa Planargia 900
Nur. Sapar
Nur de Taccu
Corte Porcus 872
Can. Monte Codi
San Pedru
Pedru Pabali
Nur. Aleri
Dispensa
Foxi Manna
Punta Moros
M. Perdalonga 688
Rio su Luda
Lago del Flumineddu
M. sa Colla 724
Nur. Trutturis
Nur. Superduseddu
Tertenia
Nur. de sa Terra
R. Arrudopiu
Perdasdefogu
Nur. Funna
S. Salvatore
Nur. Arras
Nur. s'Orcu
Cant. Sclamoris
Nur. de su Pred
Calavrigus
Murcu
M. Siddu 584
S. Giovanni di Sarrale
Melisenda
Barisoni
Nur. Barisoni
M. Rasu 676
Nur. sa Cresia
Florentina
R. Tippinali
C. Tela Niedda
Perda is Furonis 674
Escalaplano
Cuccuru Luggerras 551
de is Bareeus
Porto Santoru
Cresia
R. S. Giorgio
Perdu Loi
Nur sa Canna
Ante Padentes
Punta s'Accettori 589
M. Perdu Cannas 679
M. s'Ollasteddu 670
Punta de sa Cala
Miniera Corti Rosa (Former mine)
Funtana Coberta
M. Cardiga 676
Cant. S. Giorgio
Marcialis
Murvia
Torre di Murtas
Perda Lada 558
Ballao
Portu sa Paglia
S. Michele
Castello di Quirra
Isola di Quirra O Scoglio di Murtas
S. Nicola
S. Pietro
Armungia
Nostra Signora Bonaria
Cant. Lundra
M. Parredis 630
Bacu Scovas 613
Santa Barbara
Cala de s'Acqua durci
Stagno s'acqua durci
Quirra
M. Ordini 324
C. Melis
Capo S.Lorenzo
Nur. su Francesu
Piriccocu
Cant. De Lora
S. Nicolò
S. Cristolu
Villasalto
Bruncu sa Pira 562
Nur. is Crocci
Bruncu Sciollas 439
sa Matt'e Abramu
Silius
Pala Muddizzi 539
M. Plau e'Sartu 417
S. Giovanni
M. Nieddu 625
Lago del Flumendosa

E
F
G
H
154
158
1
2
3
4
5
6
C 404
C 403
C 605
S 402
S 606
S 401
S 400
C 206
SS126
Costa
Gonnosfanadiga
S. Cosimo
Arbus
Casargiu
Ingurtosu
Naracauli
Punta su Pinnoni
273
Bau
Scivu
Gennamari
C. Atzeni
Cant. Bidderdi
C. Marigosa
Punta Mumullonis
499
Conca sa Figu
444
Monte Cidro
Punta Mairu
724
Monte Linas
Punta Perda de sa Mesa
1236
Parco Regionale del Monte Linas-Oridda-Marganai
Capo Pecora
R. Mannu
Portixeddu
S. Lucia
Fluminimaggiore
M. Lisone
1094
Punta Cammedda
1214
Monte Mag
1021
San Nicolò
Candiazzus
Grotta su Mannau
Buggerru
Serra Trigus
651
M. Conca s'Omu
616
Arenas
C. Forestale
M. Anzeddu
903
Planu Sartu
Malfidano
Tempio di Antas
Cala Domestica
San Luigi
Grugua
S. Angelo
Malacalzetta
sa Duchessa
Scalittas
C. Fratelli
S. Benedetto
Perdu Carta
Porto Sciusciau
Acquaresi
Cuccuru Contu
807
Montecani
Case Lenzu
Punta S. Michele
906
Grotta di S. Giovanni
Scoglio Pan di Zucchero
Pan di Zucchero e Faraglioni di Masua
L. Monteponi
Masua
M. San Pietro
661
Iglesias
Castello Salvaterra
Porto Banda
Nebida
San Marco
C. Corrias
Porto Nebida
Agruxiau
Monteponi
Monte Figu
Golfo di Gonnesa
Campo Pisano
Musei
Fontanamare
Monte Scorra
Bindua
M. Genna Luas
329
Villamas
Spiaggia Mesu
S. Giovanni
Porto Paglia
Tonnara
Seddas Moddizzis
Barega
Cixerri
Gonnesa
Serbogi
Bacu abis
M. Serralunga
426
Seruci
Capo Altano o Giordani
P. Maiorchina
163
R. Troncia
Corongiu
M. San Miai
614
Scoglio Mannu o Isola del Meli
Nur. de s'Alina
Piolanas
Nuraxi Figus
M. Tasua
454
Isola di San Pietro
Portoscuso
Portovesme
Cortoghiana
Terraseo
Barbusi
la Punta
Isola Piana
S. Maria de Flumentepido
Sirri
M. Spina
397
Punta delle Oche
Tonnare
Isola dei Ratti
sa Domu de su Para
Sirai
Crixionis
Scavi d. Monte Sirai
Carbonia
Medau is Fonnesus
Perdaxi
Tacca Rossa
su Stangioni
Stagno di Forru
Guardia del Mori
211
I. del Corno
Carloforte
Punta s'Aliga
Bruncuteula
is Pillonis
492
Necropoli di Montessu
Peschiera di Ba Cerbus
Serbariu
M. S. Michele Arenas
M. Narcao
Capo Sandalo
Matzaccara
Becco Tomaso
162
Graminalana
Tronu
Canale Sp. P. Nera delle Colonne
Spiaggia Saina
Punta sa Perda
is Urigus
S. Giovanni Suergiu
is Pillius
Punta Dritta
Punta Spalmatore di Fuori
la Caletta
Calasetta
Gannau
Coremò
N. Signora de is Grazias
Stagno Cirdu
is Pitzus
Punta d. Colonne
Cussorgia
Tratalias
L. di Monte Pranu
Colonne di Carloforte
Punta Maggiore
is Loddis
is Pistis
Villaggio Palmas
Arrubia
R. Ruppi
Sant'Antioco
Stagno di S. Caterina
Cortiois
Giba
Rovine di Sulci
Ponti
Villarios Vecchio
Acqua Callenti
Isola di Sant'Antioco
Ruderi Romani
Porto Ponte Romano
Fais
Perdas de is Ominis
Punta de s'Aliga
Masainas
Punta Caragoi
Nur. Noccu
231
Porto Botte
Casa Porcina
Canningonis
is Fiascus
Stagno di Porto Botte
Perdas de Fogu
271
Fonnasu
is Solinas
Piras
Colonia
Mercuri
Candizzu
Golfo di Palmas
Stagno Baiocca
Domus
la Tonnara
Spiaggia di Cannisoni
Paniesu
Cala de Saboni
Cannai
Maladroxia
Stagno di Maestrale
Sant'A
N. de Pruna
Cala Maladroxia
is Spigas
N. de Grottacqua
Cala su Turcu
is Pillonis
M. Arbus
Torre Cannai
Porto Sciusciau
239
Porto Pino
C. de Foxi
la Fazenda
Punta Menga
Capo Sperone
Spiaggia di Porto Pino
Stagno de is Brebeis
Isola la Vacca
Spiaggia Sabbie Bianche
M. s'Impeddau
267
Porto Zaffaraneddu
Mexinas
M. Carsina Manna
263
Punta di Cala Piombo
Nur. Don Antioco
Cala Piombo
Porto
Isola il Toro

155
157
A
B
C
D
1
2
3
4
5
6
Villacidro
Samassi
Serrenti
Samatzai
Pimentel
Barrali
Sant'Andrea Frius
Villagreca
Nuraminis
Donori
Serramanna
Villasor
Monastir
Ussana
Serdiana
Dolianova
Vallermosa
San Sperate
Soleminis
Domusnovas
Decimoputzu
Villaspeciosa
Decimomannu
Sinnai
Siliqua
Uta
Assemini
Sestu
Settimo S. Pietro
Villamassargia
Monserrato
Selargius
Quartu
Stagno di Cagliari
Aeroporto Int. Cagliari-Elmas
Elmas
Museo Archeologico Nazionale
CAGLIARI
Poetto
S. Elena
Forte S. Ignazio
Sant'Elia
Cala Mosca
Capo Sant'Elia
Golfo degli Angeli
Golfo di Cagliari
Macchiareddu
Giorgino
Capoterra
La Maddalena
Poggio dei Pini
Orti su Loi
Cala d'Orri
Villa d'Orri
sa Grux'e Marmuri
Torre Antigori
Porto Foxi
Sarroch
Villa S.Pietro
Pula
Isola San Macario
Rada di S. Efiso
Nora
Capo di Pula
Porto d'Agumu
Foxi e' Sali
S. Margherita
Guardia de is Morus
Riva dei Pini
s'Arcu de Generuxi
Chia
Torre di Chia
Capo Spartivento
Domus de Maria
Teulada
Porto di Teulada
Porto di Malfatano
Capo Malfatano
Costa del Sud
Golfo di Teulada
Porto Scudo
Torre di Portoscudo
Porto Zafferano
Sant'Anna Arresi
Santadi
Villaperuccio
Narcao
Nuxis
Acquacadda
Terrubia
Orbai
Zinnigas
Rocca sa Pibera
Castello di Acquafredda
Domoandesitico di Acquafredda
Lago del Cixerri
Lago di Medau Lirimilis
Parco Nazionale del Sulcis
Riserva Naturale Foresta di Monte Arcosu
M. Arcosu 948
M. Abius Longu 611
Punta Maxia 1017
M. Sollai 724
M. Nieddu 1041
M. sa Mirra 1087
M. is Caravius 1116
Punta Rocca Steria 1009
Colle della Campanasissa
S 202
S 607
S 203
C 203
S 204
S 205
SS130
SS131
SS131d
SS195
SS554

156
E
F
G
H
1
2
3
4
5
6
Armungia
Cant. Lundra
M. Parredis
630
Bacu Scovas
613
Isola di Quirra
O Scoglio di Murtas
Cala de s'Acqua durci
Stagno s'acqua durci
M. Ordini
324
C. Melis
Capo S.Lorenzo
Nur. su Francesu
S. Nicolò Gerrei
S. Cristolu
Villasalto
Piricoccu
Cant. De Lora
Bruncu Bra sa Pira
562
Bruncu Sciollas
439
Cant. Riu Gironi
Nur. Costa Funtanes
Nur. is Crocca
sa Matt'e Abramu
733
Conca s'Egua
670
Nur. Iscrocca
Villaputzu
Castello Gibas
Porto Corallo
C 104
San Vito
M. Casargius
735
San Antioco
Muravera
Foce del Flumendosa
M. Genis
979
M. Arrubiu
767
Genn'Argiolas
775
Baccu Arrodas
S. Giovanni
Casa Picci
P. Masenzias
700
SS125var
Casa Loi
Santori
S. Priamo
Stagno delle Saline
Rio Brabaisu
Bruncu Coxinadroxiu
772
M. Idda
740
San Priamo
Villaggio Colostrai
S. Andrea
Stagno di Colostrai
Burcei
Can. Cannas
Arco dell'Angelo
1
Stagno di Feraxi
Castangia
Bruncu Comidai
546
N. de su Gattu
M. Liuru
420
Portu de s'Ilixi
Cala sa Figu
Can. Campu Omu
l'Annunziata
C 105
M. Arrundili
609
Arcu'e Tido
M. Sette Fratelli
1023
Figu Niedda
Capo Ferrato
Porto Pirastu
Longu
S. Gregorio
Camisa
C. Ferrato
M. Funtana Ona
759
Spiaggia Ziu Franciscu
S. Basilio
N. su Crabiolu
Olia Speciosa
Piscina Rei
Caserma Vecchia
Beduzzu
su Canale s'Alinu
Sabadi
6
M. Nai
239
Masone Pardu
Costa Rei
Tomba di Giganti di is Concias
M. Arbu
811
Monte Nai
C 200
Medau Abruxau
Idda
C 608
Castiadas
N. s'Arrumbulada
Nur. s'Orcu
Casa Genn'e Spina
Nieddu
Cala S.Elmo
Nur. Capitana
N.su Martina
Nur. Figu Niedda
Nuaxieddu
C. Santu Perdu
Capo di Marina
Casa di Marina
M. Mareddu
707
Bruncu Mont'Arbu
697
Cala di Sinzias
Terra Mala
Sinzias
Cala Sinzias
Geremeas
Marroccu
SS125var
M. Macioni
336
Kal'e Moru Marongiu
S. Barbara
Cala Pira
Torre delle Stelle
M. Maria
589
Tanca su Cordolinu
I Variglioni
Spiaggia Cannesisa
Nur. de Monti Fenugu
Villasimius
Area
Torre de su Fenugu
is Prezzus
Torre di San Luigi
N. Giardone
Marina
Isola Serpentara
Spiaggia Genn'e Mari
Campulongo
is Traias
Solanas
Simius
Punta Molentis
Capo Boi
C 201
Notteri
Golfo di Carbonara
Porto Giunco
Capo
Punta Santo Stefano
Cala Caterina
Santo Stefano
Capo Carbonara
Punta Santa Caterina
Carbonara
Isola dei Cavoli
Livorno, Genova
Civitavecchia
Napoli
Palermo
Trapani, Tunis

IMPRESSUM

Verantwortlich: Kerstin Thiele
Lektorat: Michaela Zelfel
Layout- und Reihengestaltung: Mathias Frisch
Satz: Eva-Maria Klaffenböck
Repro: LUDWIG:media
Kartografie: Huber Kartografie
Herstellung: Anna Katavic
Printed in Bulgaria by Smilkov Print

★★★★★

Sind Sie mit diesem Titel zufrieden? Dann würden wir uns über Ihre Weiterempfehlung freuen. Erzählen Sie es im Freundeskreis, berichten Sie Ihrem Buchhändler, oder bewerten Sie bei Onlinekauf. Und wenn Sie Kritik, Korrekturen, Aktualisierungen haben, freuen wir uns über Ihre Nachricht an Bruckmann Verlag, Postfach 40 02 09, D-80702 München oder per E-Mail an lektorat@verlagshaus.de.

Unser komplettes Programm finden Sie unter www.bruckmann.de

Alle Angaben dieses Werkes (außer den Pack- und Checklisten) wurden von den Autoren sorgfältig recherchiert und auf den neuesten Stand gebracht sowie vom Verlag geprüft. Für die Richtigkeit der Angaben kann jedoch keine Haftung übernommen werden, weshalb die Nutzung auf eigene Gefahr erfolgt. Insbesondere bei GPS-Daten können Abweichungen nicht ausgeschlossen werden. Sollte dieses Werk Links auf Webseiten Dritter enthalten, so machen wir uns die Inhalte nicht zu eigen und übernehmen für die Inhalte keine Haftung.
In diesem Buch wird aus Gründen der besseren Lesbarkeit das generische Maskulinum verwendet. Weibliche und anderweitige Geschlechteridentitäten werden dabei ausdrücklich mitgemeint, soweit es für die Aussage erforderlich ist.

Bildnachweis: Alle Bilder der Umschlagvorder- und rückseite sowie des Innenteils stammen von Petra Lupp und Martin Klug.
Umschlagvorderseite: Küstenstraße zur beliebten Meeresbucht Golfo di Orosei
Umschlagrückseite: Landschaft zum Genießen: nahe Jerzu und Ulássai

Die Deutsche Nationalbibliothek verzeichnet diese Publikation in der Deutschen Nationalbibliografie; detaillierte bibliografische Daten sind im Internet über http://dnb.d-nb.de abrufbar.

ISBN 978-3-7343-2726-1

Originalausgabe mit dem Titel „ Sardinien mit dem Wohnmobil“ , ISBN 978-3-7343-1321-9